近畿圏版⑪ 使いやすい！教えやすい！家庭学習に最適の問題集！

大阪教育大学附属池田小学校

2021年度版 過去問題集

<問題集の効果的な使い方>

①お子さまの学習を始める前に、まずは保護者の方が「入試問題」の傾向や難しさを確認・把握します。その際、すべての「学習のポイント」にも目を通しましょう。
②入試に必要なさまざまな分野学習を先に行い、基礎学力を養ってください。
③学力の定着が窺えたら「過去問題」にチャレンジ！
④お子さまの得意・苦手が分かったら、さらに分野学習をすすめレベルアップを図りましょう！

必ずおさえたい問題集

大阪教育大学附属池田小学校

お話の記憶	お話の記憶問題集 - 中級編 -
推理	Ｊｒ・ウォッチャー 31「推理思考」
推理	Ｊｒ・ウォッチャー 10「四方からの観察」
図形	Ｊｒ・ウォッチャー 46「回転図形」
常識	Ｊｒ・ウォッチャー 27「理科」・34「季節」・55「理科②」

全30問

昨年度実施の過去問題 ＋ それ以前の特徴的な問題 を収録!!

●資料提供●

ヘッズアップセミナー

ISBN978-4-7761-5320-7

C6037 ¥2000E

9784776153207

定価　本体2,000円＋税

1926037020004

日本学習図書 ニチガク

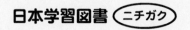

大阪教育大学附属池田小学校をめざす皆様へ

本校の任務

・義務教育として行われる普通教育のうち基礎的なものを行う

・大阪教育大学との共同研究による学校教育と生涯学習の実践的研究

・大阪教育大学の学部生と教職大学院生の教育実習と実地研究指導

・公立学校との実践研究交流など、地域社会との連携・協力

・学校を安全で安心できる場所とするための安全教育の実践と発信

本校の教育目標

・自ら進んで学び、生活をきりひらく主体的な意欲と能力の育成

・好ましい人間関係を育てることによる集団的資質と社会性の育成

・自他の生命を尊重し、社会の平和と発展を希求する心情の育成

・健康の増進と明るくたくましい心身の育成

・安全な社会づくりに主体的に参画する態度の育成

本校は、国立大学法人大阪教育大学の附属学校として上記の任務と教育目標のもと教育活動を行うとともに、我が国の教育実践における先進的な取り組みをめざし、実践を重ねその発信に努めています。

また、本校の特色ある取り組みとしては、

・わが国独自の学校安全のスタンダードとなるSafety Promotion Schoolとして、学校安全の発信
・文部科学省の教育課程特例校として、年に15時間「安全科」の授業の実施
・思いやりと生命尊重を重視したカリキュラムによる道徳教育
・全時間ＡＥＴを活用した英語の授業
・外部の専門家による「華道（３・５年生）」「茶道（４・６年生）」の体験学習の実施
・３年生から６年生まで、毎年２泊３日の集団宿泊的行事（スキー、遠泳、富士山での体験学習　等）
・学年混合の「わくわく団」を構成した学年間交流
・６年生が企画・立案したクラブ活動を実施
・台湾や香港の学校との交流協定に基づく相互の学校訪問、またカナダへの短期語学研修
・タブレットPC等を用いたICTを活用した授業

以上が主なものとなっております。

本書を活用されて、本校の取り組みに共感していただき、共にお子様のすこやかな成長を見守る一員となっていただけることを心より願っております。

大阪教育大学附属池田小学校
学 校 長　　眞 田　　巧

目指せ！合格！

家庭学習ガイド
大阪教育大学附属池田小学校

入試情報

応募者数：265名
出題形式：ペーパー、ノンペーパー形式
面　　接：志願者・保護者面接
出題領域：行動観察、制作、運動、音楽、口頭試問、
ペーパーテスト（お話の記憶・推理・図形・言語・常識　など）

入試対策

現在、試験前後の抽選は行なわれていません。試験内容は、ペーパーテスト、口頭試問、制作、行動観察、運動、面接です。ペーパーテストは、問題のバリエーションが豊富で、応用問題と言える問題も中には見られるようです。思考力はもちろんですが、集中力、指示を理解する「聞く力」も必要です。また、問題自体の内容は基礎でも、変わった出題形式の問題も毎年出題されます。キャラクターが次々と問題に答えていくという問題などはその好例でしょう。ただ、あくまでも基礎問題なので、その意図さえわかれば答えに困ることはあまりないでしょう。対策としては基礎を反復学習しておけば充分です。

●マナーや生活常識を身に付けるために、日常生活でも「なぜいけないのか」「なぜそうするのか」ということを、その場できちんと説明しましょう。当校の「常識」分野は理由まで聞かれるので、自分の言葉できちんと理由も言えるようにしておきましょう。
●制作の課題で、今年は粘土を扱う作業が加わりました。
●当校の行動観察は、例年、チームでゲームや競争をする形式が多く見られます。チーム内の協調性と積極性を示せるように行動しましょう。

必要とされる力　ベスト6

チャートで早わかり！

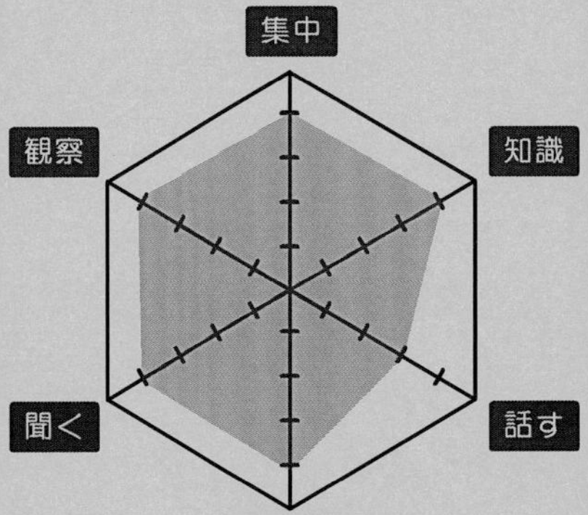

特に求められた力を集計し、左図にまとめました。
下図は各アイコンの説明です。

	アイコンの説明
集中	集　中　力…他のことに惑わされず１つのことに注意を向けて取り組む力
観察	観　察　力…２つのものの違いや詳細な部分に気付く力
聞く	聞　く　力…複雑な指示や長いお話を理解する力
考え	考える力…「～だから～だ」という思考ができる力
話す	話　す　力…自分の意志を伝え、人の意図を理解する力
語彙	語　彙　力…年齢相応の言葉を知っている力
創造	創　造　力…表現する力
公衆	公衆道徳…公衆場面におけるマナー、生活知識
知識	知　　識…動植物、季節、一般常識の知識
協調	協　調　性…集団行動の中で、積極的かつ他人を思いやって行動する力

※各「力」の詳しい学習方法などは、ホームページに掲載してありますのでご覧ください。http://www.nichigaku.jp

「大阪教育大学附属池田小学校」について

〈合格のためのアドバイス〉

当校は我が国独自の学校安全のスタンダードとなる「セーフティー　プロモーション　スクール」としてさまざまな学校安全を発信しています。これは、「学校の安全推進のために、子どもたち、教職員、保護者、さらに地域の人々が一体となって、継続的・組織的な取り組みが展開されている学校」ということで、教育目標としても同じ趣旨のことが挙げられています。具体的には、①人間性に満ちた情操豊かな子ども　②自主的・創造的に考え、問題を解決し、表現・行動する子ども　③自他を尊重し、協力しあう子ども　④真理を追究し、社会の向上に努める子ども　⑤健康で、意志強くやりぬく子ども　という目標が定められています。これは、当校の入学調査の観点にもなっており、出題にも表れています。

上記のことは、常識やマナーに関する問題が必ず出題されるということからも伺えます。それに加え、「自分で考え、解決する」という意識を観るための問題が多く出されています。これらの問題の対策として、過去に出題された問題とその解説を、よく理解して、「考え方・解き方」を身に付けるようにしましょう。

出題分野は**お話の記憶・推理・図形・言語・常識**と幅広く、日常生活の中で経験できることがテーマになった問題が多く出題されています。ふだんから、お手伝い、お買い物などを通して得た知識や、実物や図鑑を通して得た知識を活用できるようにしてください。

入学調査の日程は、考査日前に志願者・保護者の**面接**があります。まず志願者の面接が行われ、その途中で保護者が入室するという形です。考査日は女子が午前、男子が午後に分かれて、**ペーパーテスト**、**行動観察**、**制作**、**運動**、**音楽**が実施されました。

行動観察では、例年と同様に、チーム対抗でゲームが行われました。そこではコミュニケーションや協調性が主な観点となっています。日常生活におけるお子さまの様子が表れやすい考査なので、ふだんからふざけずに楽しむことができるように指導しておくとよいでしょう。

音楽は、サーキット運動の中の課題として取り上げられました。運動しながら歌をうたうという作業になるので、あらかじめ練習しておきましょう。

〈2020 年度選考〉

- ◆面接（保護者・志願者／ 20 分）
  ＊お子さまの面接内容の聞き取り、およびその感想を保護者に話す面接。
- ◆ペーパーテスト（40 分／ 10 枚程）
- ◆制作（20 分）
- ◆運動（20 分）
- ◆行動観察（集団・40 分）

◇過去の応募状況

2020 年度	265 名
2019 年度	285 名
2018 年度	262 名

入試のチェックポイント

◇生まれ月の考慮…「なし」

〈本書掲載分以外の過去問題〉

- ◆常識：鉛筆を正しく持ちましょう。［2016 年度］
- ◆常識：「ジャックと豆の木」のお話に出てくる物を順番に線で結ぶ。［2015 年度］
- ◆常識：年賀はがきに描いてある動物を選ぶ。［2014 年度］
- ◆観察：リズムに合わせて「グーチョキパー」と指を動かす。好きな歌を歌う。［2013 年度］

大阪教育大学附属
池田小学校

過去問題集

〈はじめに〉

現在、少子化が叫ばれているにもかかわらず、私立・国立小学校の入学試験には一定の応募者があります。入試は、ただやみくもに学習するだけでは成果を得ることはできません。志望校の過去における出題傾向を研究・把握した上で、練習を進めていくこと、その上で試験までに志願者の不得意分野を克服していくことが必須条件です。そこで、本問題集は小学校を受験される方々に、志望校の出題傾向をより詳しく知って頂くために、過去に遡り出題頻度の高い問題を結集いたしました。最新のデータを含む精選された過去問題集で実力をお付けください。

また、志望校の選択には弊社発行の「2021年度版　近畿圏・愛知県　国立・私立小学校　進学のてびき」をぜひ参考になさってください。

〈本書ご使用方法〉

◆出題者は出題前に一度問題を通読し、出題内容などを把握した上で、〈　準　備　〉の欄に表記してあるものを用意してから始めてください。

◆お子さまに絵の頁を渡し、出題者が問題文を読む形式で出題してください。問題を読んだ後で、絵の頁を渡す問題もありますのでご注意ください。

◆「分野」は、問題の分野を表しています。弊社の問題集の分野に対応していますので、復習の際の目安にお役立てください。

◆問題番号右端のアイコンは、各問題に必要な力を表しています。詳しくは、アドバイス頁（ピンク色の１枚目下部）をご覧ください。

◆一部の描画や工作、常識等の問題については、解答が省略されているものがあります。お子さまの答えが成り立つか、出題者が各自でご判断ください。

◆〈　時　間　〉につきましては、目安とお考えください。

◆解答右端の［○年度］は、問題の出題年度です。［2020年度］は、「2019年の秋から冬にかけて行われた2020年度入学志望者向けの考査で出題された問題」という意味です。

◆学習のポイントは、指導の際にご参考にしてください。

◆【おすすめ問題集】は各問題の基礎力養成や実力アップにご使用ください。

〈本書ご使用にあたっての注意点〉

◆文中に**この問題の絵は縦に使用してください。**と記載してある問題の絵は縦にしてお使いください。

◆〈　準　備　〉の欄で、クレヨンと表記してある場合は12色程度のものを、画用紙と表記してある場合は白い画用紙をご用意ください。

◆文中に**この問題の絵はありません。**と記載してある問題には絵の頁がありませんので、ご注意ください。なお、問題の絵の右上にある番号が連番でなくても、中央下の頁番号が連番の場合は落丁ではありません。

下記一覧表の●が付いている問題は絵がありません。

問題１	問題２	問題３	問題４	問題５	問題６	問題７	問題８	問題９	問題10
問題11	問題12	問題13	問題14	問題15	問題16	問題17	問題18	問題19	問題20
●		●							
問題21	問題22	問題23	問題24	問題25	問題26	問題27	問題28	問題29	問題30
			●						

㊙ 先輩ママたちの声！

◆実際に受験をされた方からのアドバイスです。
ぜひ参考にしてください。

大阪教育大学附属池田小学校

・常識分野の問題が出題されるので、日頃から実物に触れたり、目にする機会を作ったほうがいいと思いました。

・行動観察はチームで役割を分担してゲームを行う課題だったようです。お友だちと遊ぶ際には、積極的に、仲良くできるとよいと思います。

・面接は、３人１グループで行われます。ほかの子どもの意見に流されず、自分の考えをはっきり言うためには、日頃の生活や会話の中で、子どもが自信を持って発言できるとよいと思います。

・面接では、家庭によって質問が違ったようです。多種多様な質問に対応できるよう、ふだんから家庭の教育方針や子育ての考え方をしっかりと持った上で、面接に臨むことが大切だと思いました。

・入学試験では、日頃の生活を観られるような問題が出題されたようです。付け焼き刃ではなく、１つひとつの行動の意味を理解させなくてはいけないと思いました。

・ペーパーテストでは、時間制限があり、グループによっては短かったようです。「はい」「始め」の合図で、クーピーペンを持って、「やめ」の合図でクーピーペンを置いたそうです。

・面接は、まず子どもだけが面接室に移動します。子どもの面接が10分程で終わると、再び先生が呼びに来られ、保護者も面接室に移動します。入室すると、面接の内容を子どもが話しに来てくれました。そして、それに対する感想を先生にお話ししました。

・ペーパーテストは、広い範囲から出題されますから、それぞれ１つの分野の問題に対応できる力が必要です。とくに指示をきちんと理解することは重要だと感じました。

◎学習効果を上げるため、前掲の「家庭学習ガイド」及び「合格のためのアドバイス」をお読みになり、各校が実施する入試の出題傾向を、よく把握した上で問題に取り組んでください。

※冒頭の「本書ご使用方法」「本書ご使用にあたっての注意点」も併せてご覧ください。

2020年度の最新問題

問題1　分野：お話の記憶

聞く　集中

〈準　備〉　クーピーペン（オレンジ）

〈問　題〉　フルーツの国にパイン君という魔法を使える男の子が住んでいました。今日は、お友だちのリンゴちゃんといっしょに動物園へ行くことになっていました。ただ、朝起きると、雨が降っていました。せっかく動物園に行くのに雨は嫌だなと思ったパイン君は、魔法で雨を甘いアメ玉に変えました。「これで楽しく動物園に行けるぞ」と、パイン君は大満足です。それからパイン君は、リンゴちゃんと待ち合わせをして動物園に向かいました。動物園の門に着くと、門には「百獣の王」の絵が描かれていました。まず２人は大人気のパンダの赤ちゃんを見に行くことにしました。パンダの檻に着きましたが、赤ちゃんが見当たりません。そこで２人はお母さんパンダに「赤ちゃんはどこに行ったの」とたずねました。するとお母さんパンダは「赤ちゃんの足あとがあるはずだから、それをヒントにして探してきてちょうだい」と言いました。２人は檻の外にある足あとを辿って行くことにしました。しばらく進むとワニのところに着きました。「赤ちゃんパンダはここにいますか」と２人が聞くと、「ここにはいないよ。そんなことより、２人とも美味しそうだな。ちょうどお腹が空いていたところだし、お前たちを食べてしまおう」と言って口を大きく開けました。そこでパイン君は、魔法でワニの鋭い歯を葉っぱに変えてしまいました。ワニの口からはひらひらと葉っぱが落ちていきます。「なんだこれは。どうなっているんだ」とワニがビックリしている間に２人は逃げ出しました。「危なかったね、早く赤ちゃんを見つけよう」と２人はまた足あとを辿って進みました。すると、今度はゾウさんのところに着きました。「赤ちゃんパンダはいませんか」と聞くと、ゾウさんは「ここにいないよ。そんなことより、赤ちゃんパンダが産まれたから、僕は人気者じゃなくなっちゃったんだ。どうしたらまた人気者になれるかな」と言いました。パイン君は、「じゃあ僕の魔法で人気者にしてあげるよ」と、魔法でゾウの長い鼻を、キレイな色の花びらがたくさんついたお花に変えてあげました。「ありがとう。これで僕はまた人気者になれるよ」とゾウさんは大喜びです。２人はまた先に進んでいきました。途中でリンゴちゃんは道に落ちている割り箸を見つけました。「何かの役に立つかもしれないから拾っていくわ」と、ポケットに割り箸を入れてまた歩き出しました。しばらく行くと、白と黒の可愛らしい背中を見つけました。「あ、赤ちゃんパンダだ」と２人は駆け寄りました。赤ちゃんパンダは、温かくて細長いものを食べているところでした。「どうして檻から出ていったの」と聞くと、赤ちゃんパンダは「人間が食べているものを食べてみたかったんだよ」と言いました。リンゴちゃんは「今度は、お母さんに聞いてからにしようね」と言って、みんなでお母さんパンダのところに戻ることにしました。お母さんは、「連れて帰ってきてくれてありがとう」と２人にお礼を言いました。「これで安心だね。そうだ、これを拾ったんだけど、何かに使えないかな」とリンゴちゃんは割り箸を取り出しました。パイン君が、「貸して。よいことを思いついたよ」と魔法を使いました。すると、割り箸は空に架かる七色の橋に変わりました。「わあ、きれいだね」とみんなでその橋を眺めました。

（問題１－１の絵を渡す）
①門に描かれている動物に○をつけてください。
②パイン君は割り箸を何に変えましたか。○をつけてください。
③パイン君とリンゴちゃんは何をヒントに赤ちゃんパンダを探し出しましたか。○をつけてください。
④パイン君とリンゴちゃんが赤ちゃんパンダを見つけた時、赤ちゃんパンダは何を食べていましたか。○をつけてください。
（問題１－２の絵を渡す）
⑤お話の順番通りに絵が並んでいるものに、○をつけてください。

〈時間〉　各15秒

〈解答〉　①真ん中（ライオン）　②左端（虹）　③左から２番目（足あと）
④右から２番目（ホットドッグ）　⑤下から２番目

［2020年度出題］

学習のポイント

お話の長さは1300字以上という長いお話です。当たり前の話ですが、「～が○○した」ということをきちんと頭の中で整理しながら聞き取るようにしなければなりません。そのコツとして、文字を追いながら聞き取るのではなく、頭の中でお話の情景をイメージしながら聞き取ることを習慣づけましょう。まずは、日頃の読み聞かせで、保護者からお子さまへお話の内容に関する質問をしてください。お話を読み終わった後でも、途中でも構いません。お子さまは答えるために、お話の内容をイメージします。繰り返し行っていけば、やがてはお話を聞き取りながら、自然とお話の内容も頭の中でイメージできるようになってきます。イメージすることによって、情報が整理され覚えやすいということですが、難しいことではありません。お話を聞くことに慣れれば自然と身に付く力です。

【おすすめ問題集】
１話５分の読み聞かせお話集①②、お話の記憶 初級編・中級編・上級編、
Ｊｒ・ウォッチャー19「お話の記憶」

問題２　分野：複合（回転図形、巧緻性）

観察　考え

〈準備〉　クーピーペン（オレンジ）

〈問題〉　上の段を見てください。左の旗を回すと右のようになります。では、下の四角の家も同じように回すと、煙突から出る煙はどうなりますか。右の絵の中に書いてください。

〈時間〉　30秒

〈解答〉　下図参照

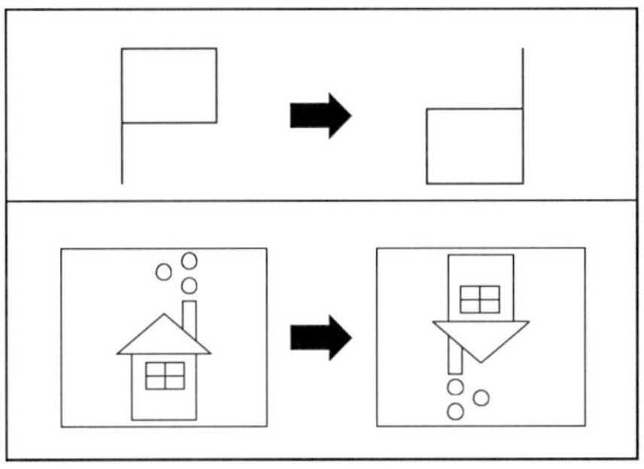

［2020年度出題］

学習のポイント

絵を描いて答える回転図形の問題です。ちなみに小学校受験で「１回回す」という表現は、例えば四角形なら90度傾けることを表します。ここでは四角形を「２回回す」ものが答えになります。上下で反転しているのではありません。上の段の旗を見てここまでのことが理解できているなら問題ありませんが、そうでなければ学習が必要です。説明するよりは実際に図形を切り抜いて反転と「２回回す」の違いを見せてください。図形分野の学習では説明よりも目で見て学ぶ方が効率がよいので、学習の段階では実際に絵を切ったり、手で操作してかまいません。試験までにそういったことを頭の中でできるようになればよいのです。

【おすすめ問題集】

Ｊｒ・ウォッチャー４「同図形探し」、46「回転図形」、51「運筆①」、52「運筆②」

問題3　分野：言語（音つなぎ）

考え　語彙

〈準備〉　クーピーペン（オレンジ）

〈問題〉　**この問題の絵は縦に使用してください。**
上の段を見てください。☆の横のマスには左から順番に「タ・オ・ル」という音が入ります。○の縦のマスには上から順番に「オ・ム・ラ・イ・ス」という音が入ります。★の横のマスには「ス・イ・カ」という音が入ります。灰色のマスは同じ音が入っているという意味です。上の「オ」と下の「ス」は同じ音ですね。では、下の段に描いてある絵も真ん中の段の灰色のマス目には同じ音が入ります。この時、真ん中の段のマスに入る言葉は何でしょうか。さらに下の段から当てはまる絵を選んで○をつけてください。
※モニターでは文字も表示されたが、参考例としての表示（読めなくてもよい）。

〈時間〉　１分

〈解答〉　トウモロコシ

［2020年度出題］

学習のポイント

小学校受験では、出題で「文字・数字は使わない」というルールがあるのですが、ここでは例題を説明するのに文字を使っています。もちろん文字は読めなくても正解できるのですが、読めた方が有利です。当校を志望するなら、ひらがな・カタカナは読めるようになっておいた方がよいのかもしれません。それはともかくとして、この問題は言葉の音の問題ととらえましょう。真ん中の段に入る言葉は左から（縦に）５音の言葉、（横に）６音の言葉、（縦に）４音の言葉ということになります。６音の言葉は「トウモロコシ」しかないので、これが横の列に入ります。クロスワード形式は珍しいのですが、言葉の音に関する問題は最近出題が多くなっています。よく学習しておいてください。

【おすすめ問題集】
Ｊｒ・ウォッチャー17「言葉の音遊び」、18「いろいろな言葉」、
60「言葉の音（おん）」

家庭学習のコツ①　「先輩ママのアドバイス」を読みましょう！

本書冒頭の「先輩ママのアドバイス」には、実際に試験を経験された方の貴重なお話が掲載されています。対策学習への取り組み方だけでなく、試験場の雰囲気や会場での過ごし方、お子さまの健康管理、家庭学習の方法など、さまざまなことがらについてのアドバイスもあります。先輩ママの体験談、アドバイスに学び、ステップアップを図りましょう！

問題4　分野：推理（欠所補完）

集中　考え

〈準 備〉　クーピーペン（オレンジ）

〈問 題〉　絵を見てください。消防車のホースが伸びています。四角にはどんな絵が入りますか。下の段から選んで○をつけてください。

〈時 間〉　30秒

〈解 答〉　左端

［2020年度出題］

学習のポイント

絵の欠けている部分を補う「欠所補完」の問題です。ホースをつなげるという意識で選択肢を見ればすぐに答えはわかるでしょう。お子さまが間違えたなら「このホースを１本つないでみよう」と、ヒントを与えてみましょう。それでも間違えるのなら、観察力がまだ未熟なのかもしれません。「この絵が当てはまるはずだ」ということがわからないのであれば、多くの絵に触れる、生活で目にするものをじっくり観察して、「常識的としてこうなっている」という感覚を養うしかないということになります。小学校受験は生活で目にするものから出題されます。当校ではさらにその傾向が強いので必要な知識や経験を生活で手に入れるようしてください。

【おすすめ問題集】

Ｊｒ・ウォッチャー59「欠所補完」、３「パズル」

問題5　分野：図形（鏡図形）

観察　考え

〈準 備〉　クーピーペン（オレンジ）

〈問 題〉　上の四角を見てください。クマがこのポーズをしながら鏡に映った時、鏡にどのように見えますか。その姿に○をつけてください。

〈時 間〉　15秒

〈解 答〉　右端

［2020年度出題］

学習のポイント

鏡に映したもので正しいものを選ぶ問題です。鏡に映った像は左右が反対になりますが、上下は変わりません。このことを理解して、クマの絵の特徴的な部分の位置を確認していきます。この問題では、フライパンを持つ手と上げている足に注目しましょう。鏡に映す前は、フライパンを持つ手は左に見えます。ですから、鏡に写すと右に見えます。曲げている足もいっしょです。フライパンの向きで困惑してしまうお子さまも多いかもしれませんが、フライパンは常にクマの顔を向いています。鏡に映してもそこが変わることはありません。お子さまにこのように説明しても、理解していない様子ならば、実際に鏡で同じポーズを取ってみてください。

【おすすめ問題集】
　Ｊｒ・ウォッチャー８「対称」、48「鏡図形」

問題6　分野：推理（総合）

観察　考え

〈準備〉　クーピーペン（オレンジ）

〈問題〉　（問題６－１の絵を見せる）
①絵のように、人が４回ジャンプしました。どのような足あとができますか。正しいものに○をつけてください。
（問題６－２の絵をあらかじめ、点線で切っておき①から順番に５秒間隔で紙芝居のように見せる、見せ終わった後に６－３の絵を渡す）
②今見た絵の中で１番長く公園にいた動物に○をつけましょう。

〈時間〉　30秒

〈解答〉　①右下　②左端（ウマ）

［2020年度出題］

学習のポイント

実際の試験では①②とも動画で動きを見て質問に答える形式でした。①は人の動きを見て、「～という動きをしているのならば、○○になる」とイメージをできるかが問われています。体の正面を外にしてジャンプしていることから、着地した足あとは常に足の指先が中心の外側を向いているということです。実際に経験していなければイメージしにくいでしょうから、1度やってみてください。②は見る記憶の問題です。動画を見て、どの動物が長い時間映っていたのかを答える問題です。ここで言えることは、1度も画面から目を離さないということぐらいでしょう。そういうことを踏まえると、集中力を観られている問題とも言えます。

【おすすめ問題集】
　Ｊｒ・ウォッチャー31「推理思考」

問題7　分野：図形（四方からの観察）

集中　考え

〈準　備〉　クーピーペン（オレンジ）

〈問　題〉　**この問題の絵は縦に使用してください。**
矢印の方向から見た時に、正しくないものに○をつけてください。

〈時　間〉　20秒

〈解　答〉　下記参照

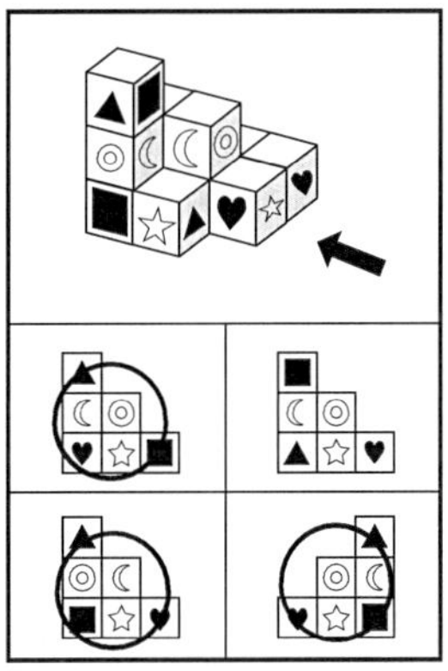

［2020年度出題］

家庭学習のコツ②　「家庭学習ガイド」はママの味方！

問題演習を始める前に、試験の概要をまとめた「家庭学習ガイド（本書カラーページに掲載）」を読みましょう。「家庭学習ガイド」には、応募者数や試験科目の詳細のほか、学習を進める上で重要な情報が掲載されています。それらの情報で入試の傾向をつかみ、学習の方針を立ててから、対策学習を始めてください。

学習のポイント

四方からの観察は、立体的な図形を１つの視点から平面的に見たらどのように見えるかを答える問題です。お子さまにとって「今見ている」ところではない視点でものを見る（考える）ということは、保護者の方が思っている以上に難しいと言えます。さらにこの問題は、矢印の方向から見た時に正しくないものを答えるという指示があるので、それを聞き漏らすと間違えてしまいます。「矢印の方向から見た時に正しくないもの」と言われると、お子さまは少し難しく思うかもしれませんが、言い換えれば、正しいもの以外を選ぶと言うことです。ですから、一般的な「四方からの観察」と同じ様に、まずは矢印の方向からどのように見えるのかを導き出して、それ以外を答えれば答えは出てきます。

【おすすめ問題集】

Ｊｒ・ウォッチャー10「四方からの観察」、53「四方からの観察　積み木編」

問題8　分野：常識（総合）　知識

〈準備〉　クーピーペン（オレンジ）

〈問題〉　（問題８－１の絵を渡す）

①生きものの成長の組み合わせで正しいものを線で結んでください。

②いっしょに使う道具の組み合わせで正しいものを線で結んでください。

（問題８－２の絵を渡す）

③土の中でできる野菜に○をつけてください。

④左に描かれている物の中に白い四角があります。その四角に描かれているマークを右の四角に書いてください。

〈時間〉　各15秒

〈解答〉　①②下記参照　③左端、左から２番目　④〒

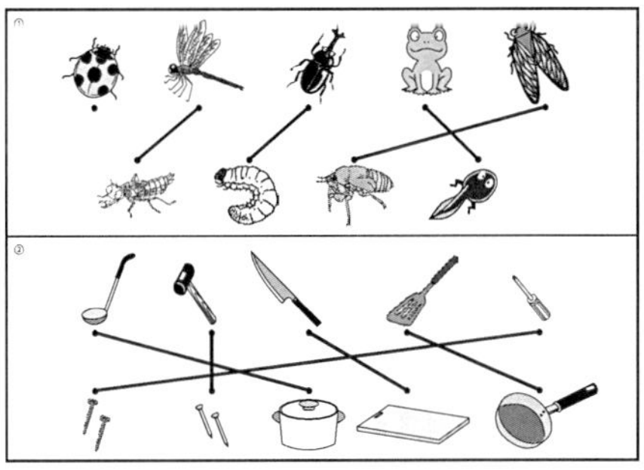

［2020年度出題］

学習のポイント

さまざまな種類の常識が１つの問題で聞かれる形式になっています。ここでは、①生きものの成長　②日常生活で使う道具　③野菜の育ち方　④日常生活で見るマークについて出題されました。このことから幅広い常識分野の知識が問われていることがわかります。また、それら１つひとつについて、経験や思考力を必要とするもの、１度学習しておかないと知識として身に付かないようなものも扱われています。ですから、間違えても心配することはありません。経験や知識を増やしていけばよいということです。生き物の成長や野菜の収穫など見たり、実際にそういったもの触れられる機会があれば、積極的に参加しましょう。

【おすすめ問題集】

Ｊｒ・ウォッチャー11「いろいろな仲間」、12「日常生活」、27「理科」、55「理科②」、56「マナーとルール」

問題9　分野：口頭試問（マナー）

観察　公衆

〈準備〉　クーピーペン（オレンジ）

〈問題〉　困っている人がいます。この中から１人だけ選んで、どうやって助けてあげるか教えてください。誰を選ぶのか、指で指してから話してください。

〈時間〉　30秒

〈解答〉　省略

［2020年度出題］

家庭学習のコツ③　効果的な学習方法～問題集を通読する

過去問題集を始めるにあたり、いきなり問題に取り組んではいませんか？　それでは本書を有効活用しているとは言えません。まず、保護者の方が、すべてを一通り読み、当校の傾向、ポイント、問題のアドバイスを頭に入れてください。そうすることにより、保護者の方の指導力がアップします。また、日常生活のさまざまなことから、保護者の方自身が「作問」することができるようになっていきます。

学習のポイント

マナーに関する常識分野の問題は例年よく出題されています。困っている人をどのように助けるか、理由も添えて答える問題です。ここで観られているのは、理由をきちんと言えるかどうかでしょう。ほとんどのお子さまが困っている人を助けるという状況を経験したことがないので、日頃から困っている人を見かけたらどうするのか、お子さまと話し合っておきましょう。例えば、車イスの人が階段の前で困っていたら、エレベーターのところまで誘導してあげるなどです。もちろん、実際に困っている人がいれば助けてあげてください。また、この問題では、「それでも助けられなかったらどうしますか」と追加の質問もされるそうです。「出来なかった時はどうすればよいか」も、保護者の方はお子さまといっしょに話し合っておきましょう。

【おすすめ問題集】

Ｊｒ・ウォッチャー56「マナーとルール」

問題10　分野：制作

集中　聞く

〈準備〉　問題10の絵を参考にして、白い画用紙（△、□、☆、○が均等に描く、穴を１つ開けておく）、青い画用紙（２枚、長方形に切っておく）、ひも、黄色い粘土、青い粘土を用意し、机の引き出しの中に入れる。ハサミ、のり、クーピーペン（12色）は机の上に置いておく

〈問題〉　**この問題は絵を参考にしてください。**

①引き出しの中から白い画用紙を取り出して、黒線に沿ってハサミで切ります。
②切り取った白い画用紙の中に描かれている記号に好きな色を塗ってください。ただし、どの記号も違う色を塗ってください。
③△と□の間を二重線、□と○の間を波線、○と☆の間を折れ線、☆と△の間は、コイル状の線を書いてください。
④線を書き終えたら、青い画用紙を白の画用紙の下部に２枚貼ってください。
⑤黄色い粘土で平べったい大きな○を作り、それを白の画用紙の中央に置いてください。
⑥青い粘土で、輪と丸いボールを６個作ります。黄色の粘土の上に、今作った輪を置いて、その周りに丸いボールを置いてください。
⑦白い画用紙の穴に、ひもを通して結んでください。どの結び方でもかまいません。結び終えたら完成です。

〈時間〉　適宜

〈解答〉　省略

［2020年度出題］

学習のポイント

当校の制作問題は指示が複雑ですので、最後まで集中して作業に取り組めるようにしましょう。今回は、メダルを作ります。「切る」「貼る」「塗る」などの制作の基本作業だけでなく、「ひも通し」「ひも結び」のように少し複雑な作業もあります。本年度は粘土を扱う作業も増えました。黒板にお手本が貼られるので、どのように出来上がるのか確認しながらの作業になります。作品は首にかけるメダルなのですが、粘土を扱ったりと繊細な仕上がりになります。作業中や持ち上げる時などに配慮出来るように心掛けておきましょう。

【おすすめ問題集】
　実践 ゆびさきトレーニング①②③、Ｊｒ・ウォッチャー23「切る・貼る・塗る」

問題11　分野：運動・音楽

聞く　集中

〈準備〉　①ラグビーボール、ビニールテープ
ビニールテープでスタートラインを作りその位置にラグビーボールを置く。スタートラインから５～７メートル先にビニールテープで輪を作っておく。
②ビニールテープ、棒２本、ゴムひも２本
さきほど作った輪から５メートル先に棒を２本並立させ、棒同士をゴムひもを２本結ぶ。その時のゴムひもを結ぶ上下の間隔はラグビーボールが２個分ほど。
③鉄棒
④テープ（青のテープを平行に貼る、２つほど川の支流のように分けておく）
⑤棒（６～８本）、鈴（複数個）、ひも
棒を立てて、ひもを結ぶ。ひもに鈴をつけておく。
⑥フラフープ（９個）
縦に３つ、横に３つフラフープを置く。

〈問題〉　**この問題の絵はありません。**
①ラグビーボールを転がしながら進み、輪の中に入ってください。
②輪の中からラグビーボールを投げ、上下に張られた２本のひもの間に入るように投げてください。
③鉄棒に逆手でつかまり、３秒ぶら下がる。
④川に見立てたテープをまたぐように両手両足をついて、横に進む。
⑤鈴のついたゴムひもを鳴らさないように、くぐったりまたいだりする。
⑥円の中をリズムよくステップしながら好きな歌をうたう。

〈時間〉　適宜

〈解答〉　省略

［2020年度出題］

家庭学習のコツ④　効果的な学習方法～お子さまの今の実力を知る

１年分の問題を解き終えた後、「家庭学習ガイド」に掲載されているレーダーチャートを参考に、目標への到達度をはかってみましょう。また、あわせてお子さまの得意・不得意の見きわめも行ってください。苦手な分野の対策にあたっては、お子さまに無理をさせず、理解度に合わせて学習するとよいでしょう。

学習のポイント

運動の課題です。１つひとつの指示が複雑そうに見えますが、しっかりと聞けばそれほど難しいものではありません。また、運動が上手くいかなくても、ほとんど心配する必要はないでしょう。ここでは運動の出来不出来より、指示をしっかり聞くこと、課題中・終わった後の姿勢・態度を重点的に観ているからです。この課題では、運動だけでなく、リズムよくステップしながら歌をうたうという音楽の要素も含まれています。上述したことと同じですが、歌がうまいことよりも、楽しみながらその課題を取り組んでいることの方が大切です。

【おすすめ問題集】

Ｊｒ・ウォッチャー28「運動」、新運動テスト問題集

問題12　分野：行動観察　協調

〈準　備〉　お買い物のすごろく、サイコロ、本（５冊）、紙コップ、トング、小さじ、大さじ、お玉、スプーン、箱

〈問　題〉　**この問題は絵を参考にしてください。**

☆お買い物

先生「今日は、お母さんがカレーを作っています。しかし、お母さんはカレーの具材を買うのを忘れてしまいました。なので、みんなは図書館で本を返した後、具材を買いに行きましょう」

４、５人のチームに分かれて行う。

①今から、サイコロを振って家から図書館に向かってください。

②図書館へ着いたら、ジャガイモ・ニンジンのマスを目指してから、家に帰ってください。

③時間内に１番豪華なカレーを作れたチームの勝利です。

※途中、ギザギザマークのマスに止まった場合と図書館に着いた時にチャンスタイムがあります。

みんなで相談して、

・サイコロを振る順番

・ジャガイモ、ニンジンのマスをどこに設置するのか決めてください。

☆チャンスタイム

①ギザギザマークに止まった場合

３枚のカードのうち１枚を引いてください。ネコの絵が出ると２マス、ウサギの絵が出ると１マス進めます。イヌの絵が出ると、来たマスを２つ戻ってください。

②図書館（本の絵のマス）に着いた場合

・散らばった本（５冊）を素早く片付けます。１番早く片付けたチームの勝利です。買ったチームはカレーに載せるトンカツをもらえます。

※片付け終えた後、「どのようにキレイに並べたのか」聞く。

・紙コップ、トング、小さじ、大さじ、お玉、スプーンを使ってピンポン玉を箱まで運びます。誰がどの道具を使うのか、チームで相談してください。紙コップを持った子がカゴからピンポン玉をすくうところからスタートし、さまざまな道具を使ってピンポン玉をリレーしていきます。途中で落としてしまったら初めからやり直してください。１番速く箱までピンポン玉を運べたチームの勝利です。勝ったチームはカレーにのせる玉子をもらえます。

※終わったら、道具を元の場所に戻してください。

〈時　間〉　適宜

〈解　答〉　省略

［2020年度出題］

学習のポイント

当校の行動観察は、５人程度のグループに分かれて、ゲームを行います。行動観察の観点は「協調性」です。サイコロを振る順番、マスをどこへ置くかなどは志願者同士で話し合って決めるので、お友だちの意見を聞いたり、自分の意見を伝えることがとても大切になってきます。この年齢のお子さまにとって、そのように指導してもなかなかできるものではありません。日頃から、ほかのお友だちと遊ぶ機会を作るなどで、保護者の方はお子さまにほかのお友だちといっしょに何かすることに慣れさせておきましょう。ほかのお友だちと遊んでいると、なにかしらお子さま間でトラブルは生じるものです。しかしすぐに保護者の方が干渉するのではなく、子どもたち同士でどうやって解決するのか見守ってください。日頃の遊びの中で「協調性」を学べる機会となるからです。

【おすすめ問題集】

Ｊｒ・ウォッチャー29「行動観察」

問題13　分野：面接

話す　集中

〈準備〉　なし

〈問題〉　**この問題の絵はありません。**

（志願者に対して）
①お名前を教えてください。
②通っている幼稚園名を教えてください。
③担任の先生の名前を教えてください。
④１番仲のいいお友だちの名前を教えてください。
⑤１番好きな遊びは何ですか。言わずに、その真似をしてください。
⑥今日の朝ごはんは何でしたか。教えてください。
⑦今日は、帰ったら何がしたいですか。
（保護者が入室）
⑧今、先生とどんなことをお話したか、教えてあげてください。
（保護者に対して）
⑨今のお子さまの話を聞いた感想を教えてください。

〈時間〉　約20分

〈解答〉　省略

［2020年度出題］

学習のポイント

志願者・保護者に対する面接です。はじめに志願者３人１組で質問が行われます。終了後、教室の３ヶ所に分かれ、それぞれ保護者とともに面接をするという形式で行われました。志願者への質問は、３人共通のものと、１人ひとり違うものがあったようです。同じ質問の場合は、前の人の答えを真似せずに、挙手した順で答えます。質問を聞く姿勢、元気よくはきはきと答えられるか、そのときの表情などが観点となっています。もちろん、入退室の時のあいさつも評価の対象となります。その後、保護者が入室してそれぞれの家庭ごとに、面接官が個別に質問します。お子さまの安心した表情や、保護者への説明する時の様子などを通して、親子関係を観ています。試験に向け、志願者と保護者が「ともにがんばる」という姿勢で準備をしていくのが望ましいでしょう。

【おすすめ問題集】

新 小学校受験の入試面接Ｑ＆Ａ、面接テスト問題集、面接最強マニュアル

2019年度以前の過去問題

問題14　分野：お話の記憶

集中　聞く

〈準備〉　クーピーペン（オレンジ）

〈問題〉　今日はネズミのチュー太くんの誕生日です。誕生日プレゼントは、お父さんとお母さんに編んでもらったマフラーです。チュー太くんはとてもよろこんで、すぐに首に巻きました。マフラーはピッタリでとても似合っています。その姿を見ていた妹のネネコちゃんは、チュー太くんのことがすごくうらやましくて、自分もマフラーが欲しいと思い、マフラーを引っ張ってしまいました。すると、マフラーが伸びてしまったのです。ピッタリだったマフラーがすぐに伸びてしまい、チュー太くんはとても悲しくなりました。チュー太くんは、もう妹の顔を見たくないと思い、家を飛び出しました。泣きながら走っていると、途中でニワトリの親子とすれ違いました。チュー太くんはそのまま走り続けて原っぱに着きました。原っぱでは、スズメが木にとまっておしゃべりをしていたり、キツネさんが寝転がったりしていました。キツネさんのそばに行くと、「どうしたの」と心配してくれたので、チュー太くんはさっきあった出来事を話しました。すると、キツネさんは「元気になる呪文を教えてあげるよ」と、不思議な呪文を唱えだしました。「ペッタンコぴったんこ」キツネさんがそう唱えると、さっきまで原っぱにいたはずなのに、目の前に大きな海が広がっています。チュー太くんとキツネさんは海賊船の上にいたのです。チュー太くんはビックリしましたが、なんだかワクワクしてきました。海の上を気持ちよく進んでいくと、小さな島が見えてきました。「あれは無人島かな。宝物があるかもしれないから探しに行こう」と２人は宝探しに行くことにしました。無人島であちこち歩き回って、やっと宝箱を見つけました。フタを開けて中をのぞこうとすると、パアッとあたりが明るくなりました。気が付くとキツネさんはいつのまにかいなくなっていて、チュー太くんは原っぱの真ん中で１人で寝ころんでいました。無人島での冒険は夢だったのです。家族が心配していると思ったチュー太くんは急いで家に帰りました。家に帰ると、ネネコちゃんがすぐに「お兄ちゃんごめんなさい」と謝りにきてくれました。チュー太くんは「もういいよ」と言って仲直りをしました。夜になって、兄妹２人でベッドに入った時、「そうだ、良いことを思いついた。このマフラーは長いから２人で一緒に巻いて寝よう」と、チュー太くんは自分とネネコちゃんの首にマフラーを巻きました。「あんなに楽しい夢を見れたのは、キツネさんが不思議な呪文を教えてくれたからなんだ。今から僕が唱えてみるよ」と言って、チュー太くんは呪文を唱えました。「ペッタンコぴったんこ」すると、チュー太くんとネネコちゃんは雪のお城の中にいました。「すごい、とてもキレイだわ」ネネコちゃんは大はしゃぎです。「この中で宝探しをしようよ」とチュー太くんもはりきっています。２人は目が覚めるまで夢の中で楽しい時間を過ごしました。

（問題14-１の絵を渡す）
①今日チュー太くんがよろこんだのは、何の日だったからです。正しいものに○をつけてください。
②お話に出てこなかったものに、○をつけてください。
③チュー太くんが家を出て走っている時の顔に、○をつけてください。
④チュー太くんとキツネさんはどこへ行きましたか。正しいものに○をつけてください。
⑤チュー太くんが家に帰ってきてから、マフラーを巻いたのは誰ですか。○をつけてください。
（問題14-２の絵を渡す）
⑥お話の順番通りに絵が並んでいるものに、○をつけてください。
⑦お話の中で、チュー太くんがはじめにマフラーを巻いた時、お母さんはどんな顔をしたと思いますか。○をつけてください。また、それはどうしてだと思いますか。話してください。

〈時間〉　各15秒

〈解答〉　①右から２番目　②左端、左から２番目　③左から２番目　④左から２番目
⑤右から２番目　⑥上から３番目
⑦右から２番目
理由（例）：お父さんとお母さんがプレゼントしてくれたマフラーを、チュー太くんが喜んで巻いてくれたから、お母さんはうれしかったと思います。

［2019年度出題］

学習のポイント

質問はお話の内容について、場面の順番、細かい部分の聞き取り、登場人物の気持ちと幅広く聞かれています。お話の記憶についての総合的な学力が観られている問題と言えます。本問で必要とされている力は、お話の内容を把握し、細部までとらえる「聞く力」、長いお話を最後まで聞き取る「集中力」、質問に対して正確に答えを見つける「判断力」の３つが主なものです。これらの力は、ふだんの読み聞かせや、お話の記憶の問題練習などで身に付けられるものです。試験が近くなり、実践的な練習をする時期になったら、読み聞かせで使うお話は、問題練習で使うものよりも長く、展開が複雑なもの選んでください。聞く力と集中力が伸ばせるだけでなく、問題練習の際に余裕を持てるようになります。また、選んだ答えに理由を言わせてみたり、答えを選ぶのは「１回だけ（変更禁止）」などを加えてみたりすると、直感に頼らないで判断する力を伸ばせます。

【おすすめ問題集】
１話５分の読み聞かせお話集①②、お話の記憶 初級編・中級編・上級編、
Ｊｒ・ウォッチャー19「お話の記憶」

問題15　分野：言語（言葉の音）

語彙　考え

〈準　備〉　クーピーペン（オレンジ）

〈問　題〉　「ツメ」の２番目の音の「メ」と、「イカ」の２番目の音の「カ」をつなげると、「カメ」になります。では、「ハンコ」「サカナ」「ミミ」の２番目の音同士をつなげると、下のどの絵の名前になりますか。正しいものを選んで○をつけてください。

〈時　間〉　20秒

〈解　答〉　左下（ミカン）

［2019年度出題］

学習のポイント

言語分野の問題は、当校では例年出題されています。特に、言葉の音を組み合わせて別の言葉を作る問題が、ここ数年続けて出題されています。このような問題では、ものの名前を知っているだけではなく、言葉を音の集合として意識しなくてはいけません。意味については問われていないので、音を使ったパズルと考えればよいでしょう。本問で気を付けなければいけないのは、２番目の音を組み合わせているという指示を聞き逃さないことです。例題の「ツメ」「イカ」はともに２文字の言葉なので、２文字目が尾音となっています。そのため尾音つなぎと勘違いしてしまうと、答えが作れなくなってしまいます。言葉の音の問題では、頭音、尾音、○番目の音、同じ音など、問題によって条件がさまざまです。聞き間違えをしないように、指示はしっかりと聞きましょう。

【おすすめ問題集】

Ｊｒ・ウォッチャー17「言葉の音遊び」、60「言葉の音（おん）」

問題16　分野：言語（いろいろな言葉）

語彙　知識

〈準　備〉　クーピーペン（オレンジ）

〈問　題〉　左上の四角の中の絵は「線を引く」と言って、「ひく」という言葉を使っています。同じように「ひく」という言葉を使うものに、○をつけてください。

〈時　間〉　30秒

〈解　答〉　下図参照

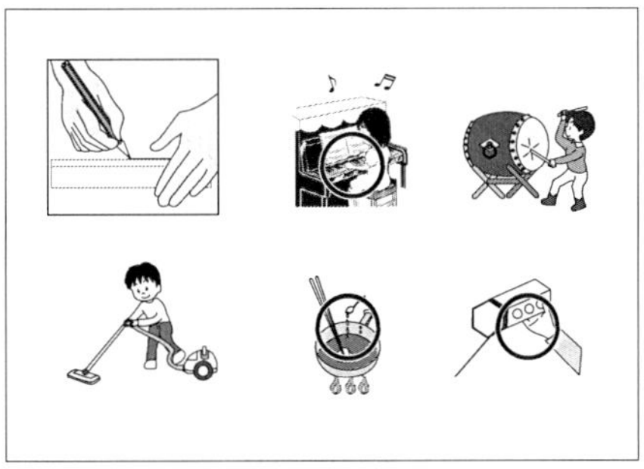

［2019年度出題］

学習のポイント

言葉の「訓」、つまり、言葉の意味が理解できているかを観る問題です。本問では、見本と同じ「ひく」と読む言葉を探します。絵を見てそれぞれどんな動作をしているのかを理解できれば、すぐに答えが見つけられるでしょう。お子さまには少し難しいのが下段中央の「油を引く」です。それは、この動作を「塗る」「垂らす」などの表現で言い表すこともできるからです。しかし、本問は「ひく」という言葉を探す問題ですから、「引く」という表現ができるこの言葉を、ほかの言い方もあるからといって間違いとするのは少し強引でしょう。なお、この動作は「油をしく」と誤用されることが多い（諸説あり）ので、そう覚えていた場合はこの機会に修正してください。

【おすすめ問題集】

Ｊｒ・ウォッチャー18「いろいろな言葉」

問題17　分野：図形（図形の構成）

観察　考え

〈準 備〉　クーピーペン（オレンジ）

〈問 題〉　左上の形を３つ使って作ることができる形を３つ見つけて、○をつけてください。

〈時 間〉　30秒

〈解 答〉　下図参照

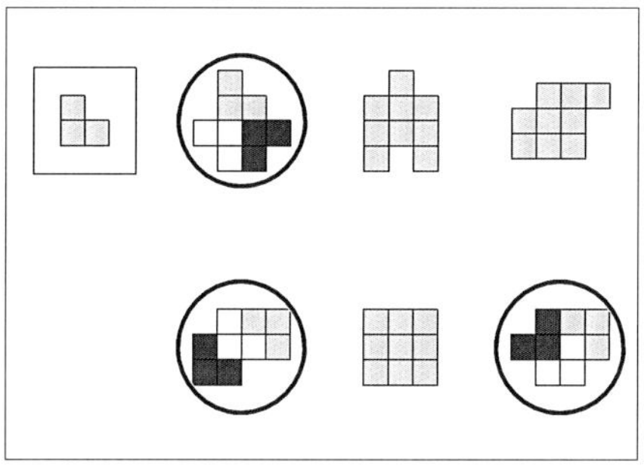

［2019年度出題］

学習のポイント

当校の図形分野の問題は、図形の構成、分割、重ね図形といったさまざまな内容が幅広く出題されています。ただし、問い方は違っていても、図形を観察し、その特徴を把握するという問題を解く上でのポイントは変わりありません。本問の場合、左上の形の特徴は、３個の四角形がＬ字型に集まっていることです。このＬ字の部分がぴったりはまりそうなところを見つけて、１つ目の形を当てはめてみると、残った部分に同じように当てはめられるかどうかが判断しやすくなります。このように図形を把握する力を伸ばすには、さまざまな問題に取り組み、図形の特徴をていねいに観察することがもっとも効果的です。ふだんの練習では、条件に合わない形を消去するのではなく、条件にあう図形を探して「正解を見つける」ようにしてください。

【おすすめ問題集】

Ｊｒ・ウォッチャー３「パズル」、45「図形分割」、54「図形の構成」

問題18　分野：推理（ジャンケン）

聞く　考え

〈準備〉　クーピーペン（オレンジ）

〈問題〉　３匹の動物たちがジャンケンをしました。
３匹はそれぞれ違うジャンケンの手を出してあいこになりました。
動物たちの話を聞いて、誰がどのジャンケンの手を出したのか、それぞれ線でつないでください。

リス「私はチョキを出したよ」
ゾウ「僕はグーを出してないよ」
ネコ「私はリスとゾウとは違うジャンケンの手を出したよ」

〈時間〉　15秒

〈解答〉　下図参照

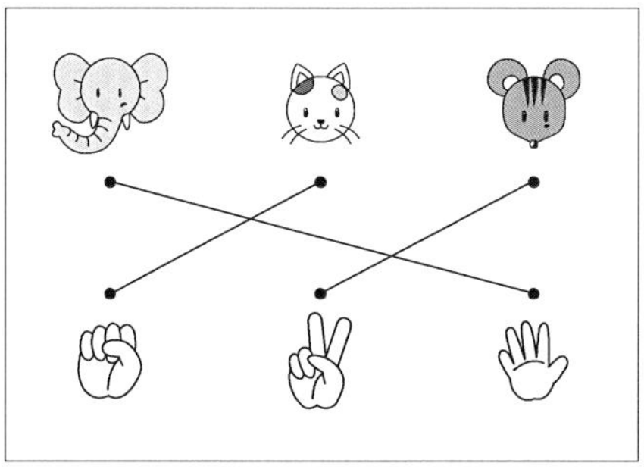

［2019年度出題］

学習のポイント

推理分野の問題では動物たちの言葉から状況や結果を推測する問題が出題されました。この問題では、指示を正確に聞き取る力、聞き取ったことをもとに考える力が観られています。進め方としては、はじめにわかったことをすべて確認し、次にそこから導かれることを考えるという手順が基本です。本問でわかっていることは、3匹の手がすべて違うことと、それぞれの動物の発言です。リスは「チョキを出した」ので、そのとおりに線でつなぎます。次に、ゾウの「グーを出していない」という言葉から、「チョキかパー」を出したと推測し、3匹の手がちがうという条件と合わせて、「ゾウはパーを出した」ことを導きます。この部分の考え方までをスムーズに進められることが本問のポイントになります。推論を上手く導き出せないようならば、途中の段階を飛ばさないように発言を1つずつ確認していきましょう。ここまでで答えはほぼわかりますが、ネコの発言をふまえて、考えが間違っていないことも確認して終了です。すべての情報を確認するという手間を省略しないように気を付けてください。

【おすすめ問題集】
Ｊｒ・ウォッチャーＪｒ・ウォッチャー31「推理思考」

問題19 分野：推理（総合）

観察 考え

〈準 備〉 クーピーペン（オレンジ）

〈問 題〉 ①上の段を見てください。ひもの両端を左右に引っ張った時、結び目ができるものはどれですか。すべて選んで○をつけてください。
②下の段を見てください。左の絵のように、四角い形1つと、丸い形2つをそれぞれ入れた水槽に、同じ高さまで水をいれました。それぞれの水槽から形を取り出したところ、残った水の量は同じになりました。では、右の絵のように4つの水槽の中から四角い形と丸い形を全部取り出した時、残った水はどの水槽が1番少ないですか。○をつけてください。

〈時 間〉 30秒

〈解 答〉 下図参照

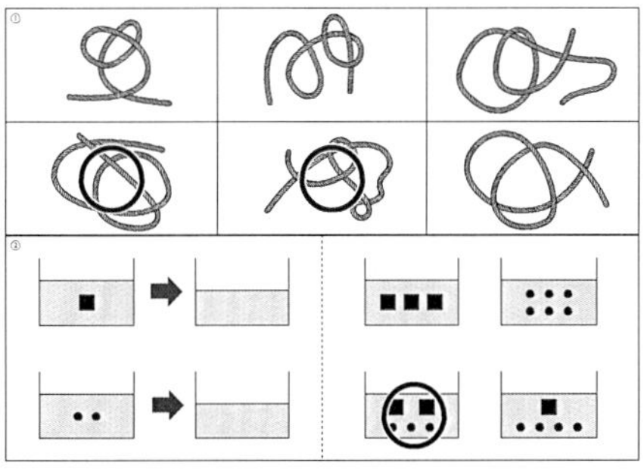

［2019年度出題］

学習のポイント

当校では、推理分野の問題が小問形式で出題されることが特徴です。この形式では、１問ごとに問題が変わるため、その都度指示を正確に聞き取って理解しなければいけません。また、絵を観察する力や、経験を踏まえた思考力も必要とされる点で総合的な力が問われている問題と言えます。①では、ひもで作った輪の中を、そのひもの端が通っている時に結び目ができます。このことを経験的に理解できていれば、それぞれの絵をていねいに観察して、輪の中をひもの端が通っている絵を探すことで答えが見つけられます。②では、説明から■１個と●２個が同じ体積になるので、■をすべて●に置き換え、●の数が１番多いものを選べばよいわけです。この問題でも、水面の高さが同じ時、取り除いたものが大きいほど残る水は少ないということを、経験的に理解できていることがスムーズな解答につながります。このように、これまでの学習で身に付けた知識や経験を利用して考えることも推理分野では有効です。ふだんから、試験に出る、出ないで学習分野を判断せず、さまざまな分野を幅広く学習するようにすると、後に役立つ学びになります。

【おすすめ問題集】

Ｊｒ・ウォッチャー31「推理思考」

問題20　分野：推理（総合）

観察　考え

〈準備〉　クーピーペン（オレンジ）

〈問題〉　（問題20-２の絵を渡し、問題20-１の絵を見せる）
①図のように人が動いた時、どのような足あとができますか。選んで○をつけてください。
②次の４枚の絵は、帽子をかぶった動物たちが走っている様子を順番に並べたものです。この時、動物たちの帽子はどのように動きましたか。正しいものを選んで○をつけてください。

〈時間〉　各20秒

〈解答〉　①右下　②左下

［2019年度出題］

学習のポイント

実際の試験では、動画で動きを見て質問に答える形式でした。人や動物の動きを把握して、その時の足や頭の動きをとらえる問題です。動き全体を観て、細かい動きまで頭の中で再現できるような把握力と思考力が求められる問題です。①では、くるりと１回転する女の人の、足の動きを答えます。この女の人は正面→反転→正面と向きを変えているので、足の向きも正面→反転→正面と動きます。また、反転している時に足を交差させているので、足の左右は逆になります。この２点がわかれば答えは見つけられます。②では、動物の動線を帽子の動きに置き換えています。ネズミは１枚目の絵で上からスタートし、上→下→上→上と動きます。キツネはスタートからゴールまでまっすぐ中央を進み、ウサギは下→中→上→下と移動しています。動物たちの動きと同じように、帽子の位置も上下していると考えればよいわけです。全体の動きを把握することは比較的容易ですが、その時の細かい動きはなかなか覚えることはできません。人がポーズを変えた時、その人の手のひらの向きや親指の位置がどう変化するかなどは、実際にその動きをしてみて、イメージできるように練習をしておくとよいでしょう。

【おすすめ問題集】

Ｊｒ・ウォッチャー31「推理思考」

問題21　分野：常識（総合）

聞く　知識

〈準 備〉　包丁で野菜を切る音を録音した音源、再生装置

〈問 題〉　（問題21-１の絵を渡す）

①次の音を聞いてください（包丁で野菜を切る音を再生する）。この音に関係のある人に○をつけてください。

②次の４枚の絵の中で、同じスポーツに関係するものだけが描かれている絵に○をつけてください。

（問題21-２の絵を渡す）

③左上の絵を見てください。この絵のものから作られる食べものはどれですか。選んで○をつけてください。

④お食事が終わった時のお箸の置き方が正しいものはどれですか。選んで○をつけてください。

〈時 間〉　各15秒

〈解 答〉　①左から２番目（コック）　②右上（サッカー）

③右上（モチ）、左下（ダンゴ）　④左下

［2019年度出題］

学習のポイント

常識分野の問題も、さまざまな種類の常識が、１つの問題で聞かれる形式となっています。①では聞き取った音にふさわしい仕事を見つけます。②ではスポーツと道具についての知識です。③はイネ（コメ）から作られるものを選び、④では食事のマナーに関する常識が問われています。このように当校の常識分野の問題では、１つのテーマに関して数種類の質問をするのではなく、さまざまなテーマに関する幅広い知識を問われています。また、それらの質問１つひとつについて、経験や思考力を必要とするものも扱われています。知識・常識分野の学習をする場合、新しい知識をほかの知識と関連付けたり、少し詳しく覚えたりするなどの工夫をしながら、知識を増やしましょう。

【おすすめ問題集】

Ｊｒ・ウォッチャー11「いろいろな仲間」、12「日常生活」、27「理科」、55「理科②」、56「マナーとルール」

問題22 分野：口頭試問（マナー）

公衆 観察

〈準 備〉 クーピーペン（オレンジ）

〈問 題〉 子どもたちがジャングルジムで遊んでいます。このなかで、いけないことをしている子は誰ですか。指でさしてください。また、それはなぜですか。説明してください。

〈時 間〉 30秒

〈解 答〉 上段右の女の子：ジャングルジムの上で両手を放して立つと、足を滑らせて落ちるかもしれないから。
下段左端の男の子：滑り台を下から登ると、次の人が滑れず迷惑だから。
下段左から２番目の女の子：登り場所ではないところから登ると、足を滑らせたりして危険だから。

［2019年度出題］

学習のポイント

マナーに関する常識分野の問題は、当校でよく扱われています。マナーや道徳を知ることは、公共の場でのお子さま自身の安全や、円滑な学校生活を送る上で重要なことだからです。本問では、学校のジャングルジムで遊ぶ場面からの出題です。公共の場でのマナーの問題でしてはいけないことの基準となるのは、①危険（事故につながったり、ケガをしたりする）、②迷惑（まわりの人の行動の邪魔になる）、③自分勝手（まわりの人がイヤな気持ちになる）の３点です。マナー違反を指摘したり、その理由を説明したりする問題では、上記３点のうちのどれかに当てはまることを理由として述べれば、ほとんどのケースは大丈夫でしょう。また、「ジャングルジムの上に立っているから」などという解答は、「～から」という表現を使っていますが、絵の状況を説明しただけで、理由となっていません。「ジャングルジムの上に立つと、落ちるかもしれないから（危ないから）」などのように、ルールを守らなかった時に起こるかもしれないことや、理由を添えた解答をするように指導してください。

【おすすめ問題集】

Ｊｒ・ウォッチャー56「マナーとルール」

問題23　分野：制作

聞く　集中

〈準備〉　問題23の絵を参考にして、画用紙Ａ（カゴの絵が描いてあり、穴が２つ開いている）、赤い画用紙Ｂ（リンゴの絵が描いてある）、ひも、黄色い色紙を用意し、机の引き出しの中に入れる。ハサミ、のり、クーピーペン（12色）

〈問題〉　**この問題は絵を参考にしてください。**

①Ｂの画用紙に描いてあるリンゴを、黒線に沿ってハサミで切ります。でき上がったリンゴの実をＡの画用紙に描いてあるリンゴの軸の下に貼ります。
②Ａの画用紙にブドウの実が１粒と軸が描いてあります。お手本を見て、足りない５粒の実を描き入れてください。
③指示に従って色紙を折ってバナナを作ります。作ったバナナをＡの画用紙の指定された場所に貼ります。
④素敵なカゴになるように、Ａの画用紙の下の部分に模様を描いてください。
⑤最後にひもを穴に通して、画用紙の前面で固結びをしてください。

〈時間〉　適宜

〈解答〉　省略

［2019年度出題］

学習のポイント

当校の制作問題は指示が複雑です。最後まで集中を切らすことなく、作業に取り組みましょう。今回は画用紙に絵を描いてカゴを作ります。色を塗る、ハサミで切る、のりで貼る、ひもを通す・結ぶ、絵を描くという５つの作業を行います。教室の黒板にお手本が貼られており、でき上がりの形を確認しながら進められたようです。1つひとつの作業はそれほど難しくありませんが、今回は、固結びをするという指定があったため、ひもを結ぶところで苦労しているお子さまが多かったようです。チョウ結びと固結びについては、結べるようになることはもちろん、本問のように穴を開けた紙にひもを通して結んでも、失敗しないように、力加減も考えながら練習をするとよいでしょう。

【おすすめ問題集】

実践 ゆびさきトレーニング①②③、Ｊｒ・ウォッチャー23「切る・貼る・塗る」

問題24　分野：運動・音楽

聞く　集中

〈準備〉　レール平均台（５個）、バランスディスク（３個）、跳び箱、フープ、タイヤ、三角コーン、マット

〈問題〉　**この問題の絵はありません。**

①レール平均台の上を落ちないように進む。途中にある低い棒はまたぎ、高い棒はくぐる。ゴール地点の枠の中に左足を載せる。
②バランスディスクの上を落ちないようにジャンプして渡る。
③跳び箱の上から半回転しながらジャンプして、下にあるフープの中に着地する。
④足を輪の中から動かさずに、手を跳び箱について平行移動。
レール平均台の上も、手だけを使って移動する。
⑤タイヤを転がしながら、三角コーンを避けてジグザグに進む。
⑥タイヤをボーリングのように転がして、置いてあるペットボトルに当てる。
⑦赤いライン上を一歩ずつ前後しながら、好きな歌をうたう。

〈時間〉　適宜

〈解答〉　省略

［2019年度出題］

学習のポイント

運動の課題です。前半の課題ではバランス感覚が、後半では手の使い方がポイントとなっています。１つひとつの動きはそれほど難しくありませんが、指示通りに連続して行うのは、この年齢のお子さまには難しいかもしれません。運動テストでは、運動能力の高さや、途中での失敗は評価には影響ありません、年齢相応の運動能力があるか、指示をしっかりと聞いて行動できるか、待機時に姿勢正しく待っていられるかなどが観られています。しかし、人前で行動している以上、途中で失敗してしまうと慌ててしまうものです。失敗そのものは評価対象とならなくても、その時の動揺が以降の態度や姿勢に影響を与えてしまうかもしれません。そのようなことを避けるという意味で、すべての運動をスムーズにこなすことを目標に練習を進めてください。

【おすすめ問題集】

Ｊｒ・ウォッチャー28「運動」、新運動テスト問題集

問題25　分野：行動観察

協調

〈準備〉　宇宙旅行のすごろく、さまざまな形が書かれたカード、スポンジ積み木（10個程度）を用意する。

〈問題〉　**この問題は絵を参考にしてください。**

☆宇宙旅行

４、５人のチームに分かれて行う。

サイコロを振って、出た目の数だけコマを進める。途中の○のマスを通過するとチャンスタイムになり、相手のチームとゲームで対戦する。勝てばコマを先に進めることができる。白い星からスタートして黒い星に着いたチームの勝ち。

みんなで相談して、サイコロを振る順番とチームのコマを決めてください。

☆チャンスタイム

①先生の指示した形（例：四角の中に円があり、四角を２つの三角が挟んでいる形など）を描く。

②さまざまな絵の描かれたカードを仲間同士に分ける。

③スポンジ積み木を時間内に高く積む。

〈時間〉　適宜

〈解答〉　省略

［2019年度出題］

学習のポイント

この時の行動観察では、５人程度のグループに分かれて、宇宙旅行ゲームを行いました。ゲームの途中でチャンスタイムがあり、ほかのグループと勝負して、勝つとそのゲームを有利に進めることができます。各自の役割を理解して、協力しながら進めるという、当校ならではの面白い課題です。みんなで相談してゲームを進める中で、協調性や積極性が観られていると言えるでしょう。行動観察の試験でよく観点となるのは「協調性」ですが、お友だちと相談し、意見を聞き、譲り合ったりしてものごとを進めることは、この年齢のお子さまには難しいことです。日常生活のなかで、そのような力を伸ばすには、お友だちといっしょに遊ぶ機会などを利用するとよいでしょう。例えば「今日は３人のやりたいことをお互いに言ってから、ケンカしないように遊びを決めようね」など具体的なアドバイスをすることで、「みんな」や「自分」を意識させやすくなります。ただ人に合わせるのではなく、自分の考えも伝えられるような機会を保護者の工夫で増やしてあげましょう。

【おすすめ問題集】

Ｊｒ・ウォッチャー29「行動観察」

問題26　分野：お話の記憶

聞く　集中　知識

〈準　備〉　クーピーペン（オレンジ）

〈問　題〉　お話を聞いて、あとの質問に答えてください。

モミジが赤く染まり、イチョウも黄色くなった頃、太郎くんは遠足で動物園にいくことになりました。太郎くんは、前の日に、窓にテルテル坊主を飾りました。朝起きた時、窓を開けてみると、お家の庭でコスモスが風でゆらゆらと揺れていました。空は曇っていて雨が降りそうだったので、太郎くんはがっかりしました。「朝ご飯にしますよ」とお母さんの声がしました。朝ご飯は太郎くんの好きな目玉焼きがごはんとお味噌汁についていました。朝ご飯を食べて元気になり、リュックの中を忘れ物がないかチェックして家を出発しました。
キレイに咲いたコスモスの花を見ながら、みんなで駅まで歩いていきました。動物園に向かう電車の中で先生が花子さんに「何の動物が見たい」と聞くと、「サルが見たい」と花子さんは言いました。それを聞いた太郎くんは、「サルもいいけど、ゾウが見たいな」と思いました。
動物園に着くと、お天気が晴れてきました。初めにキリンを見ました。キリンは大人気で、周りに人がたくさんいました。次にカバを見に行きました。カバは大きなあくびをしながら水の中へもぐっていきました。みんなはおぼれてしまったのではないかと思いましたが、平気な顔で浮かんできたので、泳ぐのが上手なのだとわかりました。その後、おいしそうにササを食べているパンダを見て、いよいよ太郎くんが楽しみにしていたゾウを見ることになりました。太郎くんは、ゾウがリンゴを食べているところを見て、すごいなと思いました。ゾウを見た後にコアラのところに行くと、コアラは木にしがみついてお昼寝をしているようでした。横にあるサル山では、サルが楽しそうに木登りをしていました。
最後にライオンを見て、帰ることになりました。先生が「明日は幼稚園で好きな動物の絵を描きましょう」と言いました。

①太郎くんの朝ごはんは何でしたか。1番上の段から選んで、○をつけてください。
②太郎くんが、遠足の前の日に飾ったものは何ですか。上から2番目の段から選んで、○をつけてください。
③お話に出てこなかったものはどれですか。3番目の段から選んで、○をつけてください。
④ゾウを見る前に見た動物は何ですか。下から3番目の段からすべて選んで、○をつけてください。
⑤下から2番目の段を見てください。朝起きた時の天気に○、動物園での天気に◎をつけてください。
⑥太郎くんが、明日描くことにした動物の足あとはどれですか。1番下の段から選んで、○をつけてください。

〈時　間〉　各20秒

〈解　答〉　①右端（目玉焼き）
②右から2番目（テルテル坊主）　③左から2番目（ヒマワリ）
④左端（キリン）、左から3番目（カバ）、右から2番目（パンダ）
⑤○：左から2番目（くもり）　◎：左端（晴れ）
⑥左から2番目（ゾウ）

［2018年度出題］

学習のポイント

お話の記憶の問題です。当校の入試では、例年お話の記憶の問題の中で、理科や季節、常識が問われる問題が出題されています。本問には「季節」を直接問う問題はありませんが、③はヒマワリだけが夏の花で、そのほかの選択肢は秋の季節の花という、「季節」を意識した選択肢になっています。また、⑥は主人公が好きな動物の絵で選ぶのではなく、その動物の足あとを選ぶという少しひねった形になっています。このように、当校のお話の記憶の問題では、お話で使われた表現をそのまま覚えているだけでは答えられない問題もしばしば出題されますから、それほど重要でないと思われる部分も、注意して聞きましょう。お話の記憶の問題は、場面をイメージしながら聞くのが基本です。お話を丸暗記するのは大変ですが、場面をイメージすることによって、ストーリーも記憶に残りやすくなります。お話の記憶が苦手なお子さまには、お話を場面ごとに区切って読み聞かせ、その場面について質問してから、次の場面を読み聞かせるようにして進めるとよいでしょう。

【おすすめ問題集】
　Ｊｒ・ウォッチャー19「お話の記憶」、１話５分の読み聞かせお話集①②、
　お話の記憶 初級編・中級編

問題27　分野：言語（言葉の音《おん》）

集中　語彙

〈準備〉　クーピーペン（オレンジ）

〈問題〉　上の四角を見てください。左の絵はカバンです。その中には、「カバ」が隠れています。
下の四角の上の段の絵の中には、同じように動物が隠れています。隠れている動物を見つけて、下の段の絵と、線でつなぎましょう。

〈時間〉　30秒

〈解答〉　下図参照

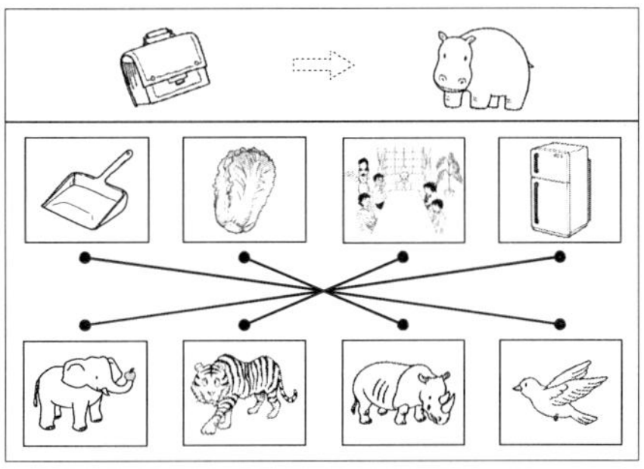

［2018年度出題］

学習のポイント

言葉の音（おん）に関する問題です。お子さまが、問題の意味も含めてよく理解できないようであれば、保護者の方が絵を指さしながら、名前を一緒に確認していきましょう。その際、ゆっくりと１音ずつ確認する、隠れているものの名前で区切って読み上げるなど、お子さまが答えに気付きやすいようにしてください。練習を繰り返すことで、感覚的に言葉の音（おん）について、理解ができるようになるでしょう。また、本問のような問題では、絵が表しているものの正確な名前を理解している必要があり、語彙の豊かさも観点となります。ふだんから新しい言葉を覚えていくこととあわせて、言葉探しや、しりとりなど言葉を使った遊びを通して語彙を増やすことも大切です。ちなみに、答えは左からチリトリ→トリ、ハクサイ→サイ、レストラン→トラ、レイゾウコ→ゾウです。

【おすすめ問題集】

Ｊｒ・ウォッチャー17「言葉の音遊び」、18「いろいろな言葉」、
60「言葉の音（おん）」

問題28　分野：言語

聞く　知識　集中

〈準　備〉　クーピーペン（オレンジ）

〈問　題〉　左の四角に書いてある縦・横のマスには、右の四角の絵の中の、どれかの名前が入ります。☆の四角には、縦と横で同じ音が入ります。左のマスにぴったり入る名前を右の四角の中から２つ見つけて、○をつけてください。

〈時　間〉　各30秒

〈解　答〉　下図参照　※文字は参考

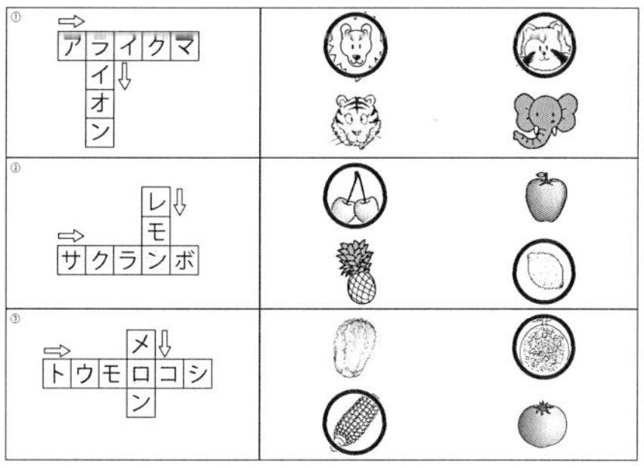

［2018年度出題］

学習のポイント

クロスワードの問題です。ものの名前を知っているという点での語彙の豊かさと、言葉は「音（おん）」の組み合わせであるということを理解しているかどうかが観られます。「音」の数や位置を正確に把握できなければ正解できない、難易度の高い問題です。解き方としては、出題の絵が表すものの名前の「音」を数え、マスと同じ数のものを選ぶ。選んだ中から、☆で同じ「音」になるものを選択するという方法があります。語彙を増やすには、類題を解く練習と同時に、日頃の遊びにも言葉遊びを取り入れるのが有効です。しりとりや頭音さがし、尾音さがしなどの遊びの中で、楽しみながら練習することができます。慣れるまでは回答時間を気にせず、正解できるまでじっくりと考えるようにしてください。

【おすすめ問題集】

Ｊｒ・ウォッチャー17「言葉の音遊び」、18「いろいろな言葉」、
60「言葉の音（おん）」

問題29　分野：推理

聞く　考え

〈準 備〉　クーピーペン（オレンジ）

〈問 題〉　絵を見てください。
キリンさんは「僕はウサギさんの右隣にいるよ」と言いました。
ネコさんは「私はキリンさんの隣にいます」と言いました。
ゾウさんは「僕はウサギさんの左隣にいるよ」と言いました。
リスさんの座っているイスに○をつけてください。

〈時 間〉　20秒

〈解 答〉　下図参照

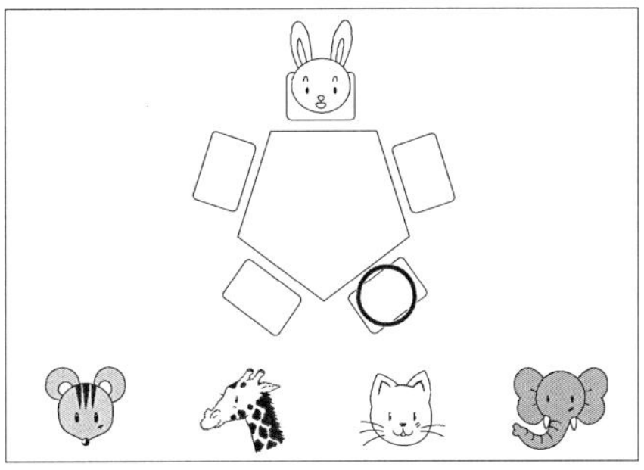

［2018年度出題］

学習のポイント

推理分野の問題です。リスの座っている位置は、登場する動物たちの話には直接出てきません。ほかのすべての動物の位置を把握し、残った席にリスが座っていることを理解した上で、推理しないと答えられない複雑な問題です。それぞれの位置を間違えてしまうと正解にたどりつけません。また、ウサギの位置から見た「右隣」「左隣」も判断する必要があります。横に並んだり、円形の机に隣り合って座ったりした時の左右は、通常と同じく、右手のある方が右、左手のある方が左となります。正面で向かい合っているわけではないので、左右を逆にした「向かって右（左）」ではありません。左右の弁別を必要とする問題では、聞き取った質問をしっかり思い返して、左右を確認するようにしてください。

【おすすめ問題集】
Ｊｒ・ウォッチャー31「推理思考」

問題30　分野：推理　聞く 考え

〈準備〉　クーピーペン（オレンジ）

〈問題〉　矢印のところをハサミで切ると、ひもは何本に分かれますか。その数だけ、下の四角に○をつけてください。

〈時間〉　15秒

〈解答〉　○：５

［2018年度出題］

学習のポイント

曲がったり、重なったりしているひもを切った時、何本になるかを答える推理の問題です。ハサミを入れた場所と回数によって、ひもの本数がどうなるかを想像できれば、ひもの数を数える単純な計数の問題と同じです。両端がある（輪になっていない）ひもは、切った箇所の数より１本多くなります（輪になっている場合は、切った箇所の数と同数）。イラストでも実物でもかまいませんが、「何回切った」「何本になった」「いくつ多い」というように、ヒントになるような言葉を口に出して、お子さまを気付きにつながるように誘導してください。

【おすすめ問題集】
Ｊｒ・ウォッチャー31「推理思考」

大阪教育大学附属池田小学校　専用注文書

年　　月　　日

合格のための問題集ベスト・セレクション

＊入試頻出分野ベスト３

1st お話の記憶　　集中力　聞く力

2nd 常　識　　知識　マナー

3rd 図　形　　思考力　観察力

１つの分野でさまざまな問題が出題される、独特の形式が特徴です。難しい問題に取り組むよりも、それぞれの分野の基本問題を幅広く学習し、どんな問題にも対応できるようにすることがポイントです。

分野	書　名	価格(税抜)	注文	分野	書　名	価格(税抜)	注文
図形	Ｊｒ・ウォッチャー３「パズル」	1,500円	冊	常識	Ｊｒ・ウォッチャー34「季節」	1,500円	冊
図形	Ｊｒ・ウォッチャー８「対称」	1,500円	冊	図形	Ｊｒ・ウォッチャー45「図形分割」	1,500円	冊
図形	Ｊｒ・ウォッチャー10「四方からの観察」	1,500円	冊	図形	Ｊｒ・ウォッチャー48「鏡図形」	1,500円	冊
推理	Ｊｒ・ウォッチャー11「いろいろな仲間」	1,500円	冊	図形	Ｊｒ・ウォッチャー53「四方からの観察　積み木編」	1,500円	冊
常識	Ｊｒ・ウォッチャー12「日常生活」	1,500円	冊	図形	Ｊｒ・ウォッチャー54「図形の構成」	1,500円	冊
言語	Ｊｒ・ウォッチャー17「言葉の音遊び」	1,500円	冊	常識	Ｊｒ・ウォッチャー55「理科②」	1,500円	冊
言語	Ｊｒ・ウォッチャー18「いろいろな言葉」	1,500円	冊	常識	Ｊｒ・ウォッチャー56「マナーとルール」	1,500円	冊
記憶	Ｊｒ・ウォッチャー19「お話の記憶」	1,500円	冊	推理	Ｊｒ・ウォッチャー59「欠所補完」	1,500円	冊
巧緻性	Ｊｒ・ウォッチャー23「切る・貼る・塗る」	1,500円	冊	言語	Ｊｒ・ウォッチャー60「言葉の音（おん）」	1,500円	冊
常識	Ｊｒ・ウォッチャー27「理科」	1,500円	冊		１話５分の読み聞かせお話集①②	1,800円	各　冊
運動	Ｊｒ・ウォッチャー28「運動」	1,500円	冊		お話の記憶 中級編・上級編	2,000円	各　冊
行動観察	Ｊｒ・ウォッチャー29「行動観察」	1,500円	冊		実践 ゆびさきトレーニング①②③	2,500円	各　冊
常識	Ｊｒ・ウォッチャー31「推理思考」	1,500円	冊		新 運動テスト問題集	2,200円	冊

合計	冊	円

（フリガナ） 氏　名	電　話 ＦＡＸ E-mail	
住　所　〒　　　－	以前にご注文されたことはございますか。	有　・　無

★お近くの書店、または記載の電話・FAX・ホームページにてご注文をお受けしております。
電話：03-5261-8951　FAX：03-5261-8953　代金は書籍合計金額＋送料がかかります。
※なお、落丁・乱丁以外の理由による商品の返品・交換には応じかねます。

★ご記入頂いた個人に関する情報は、当社にて厳重に管理致します。なお、ご購入の商品発送の他に、当社発行の書籍案内、書籍に関する調査に使用させて頂く場合がございますので、予めご了承ください。

問題1－1

①

②

③

④

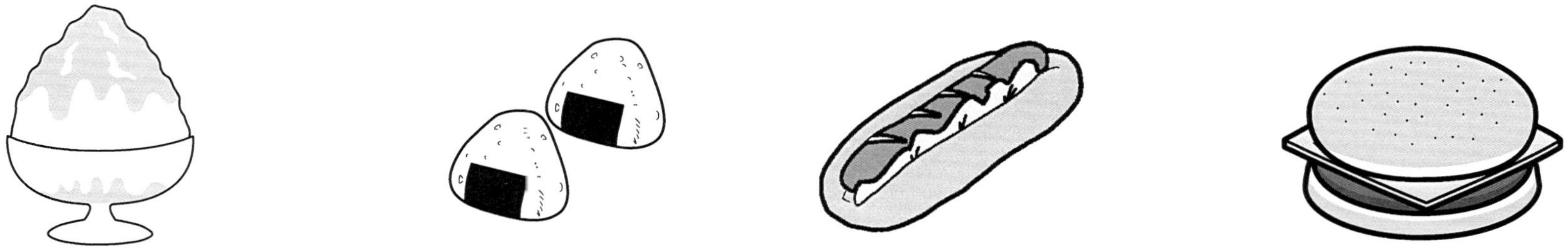

問題1－2

⑤

問題2

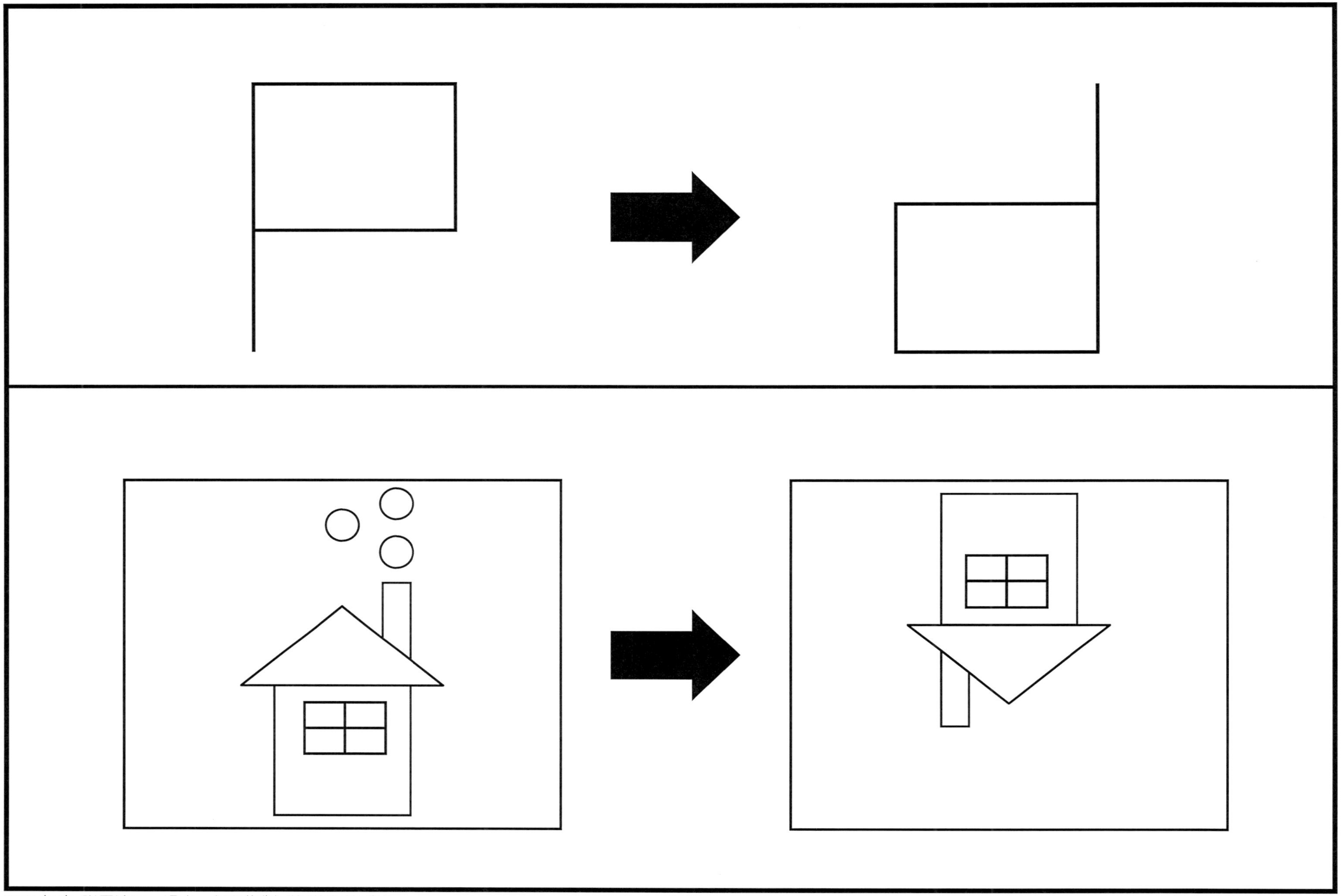

問題3

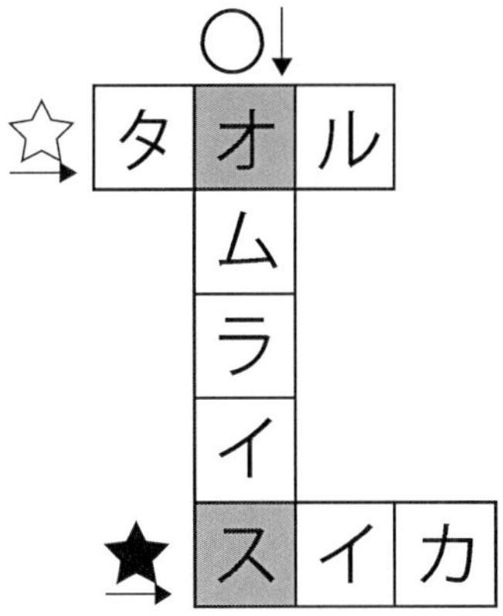

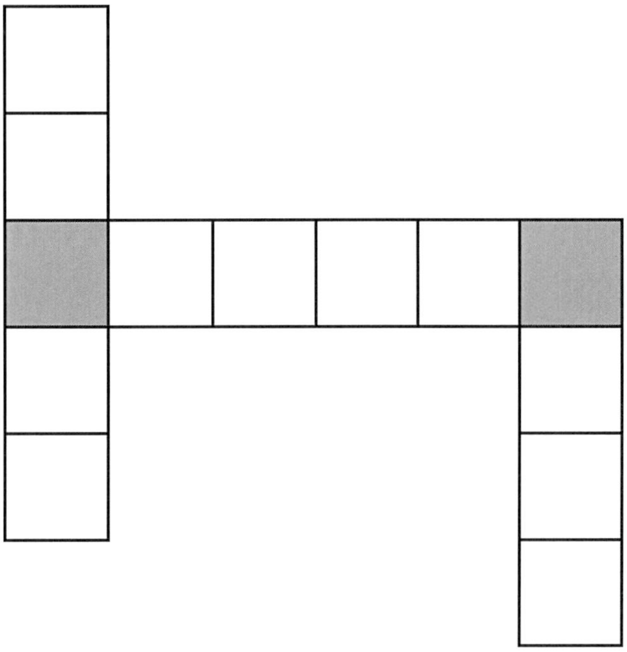

問題 4

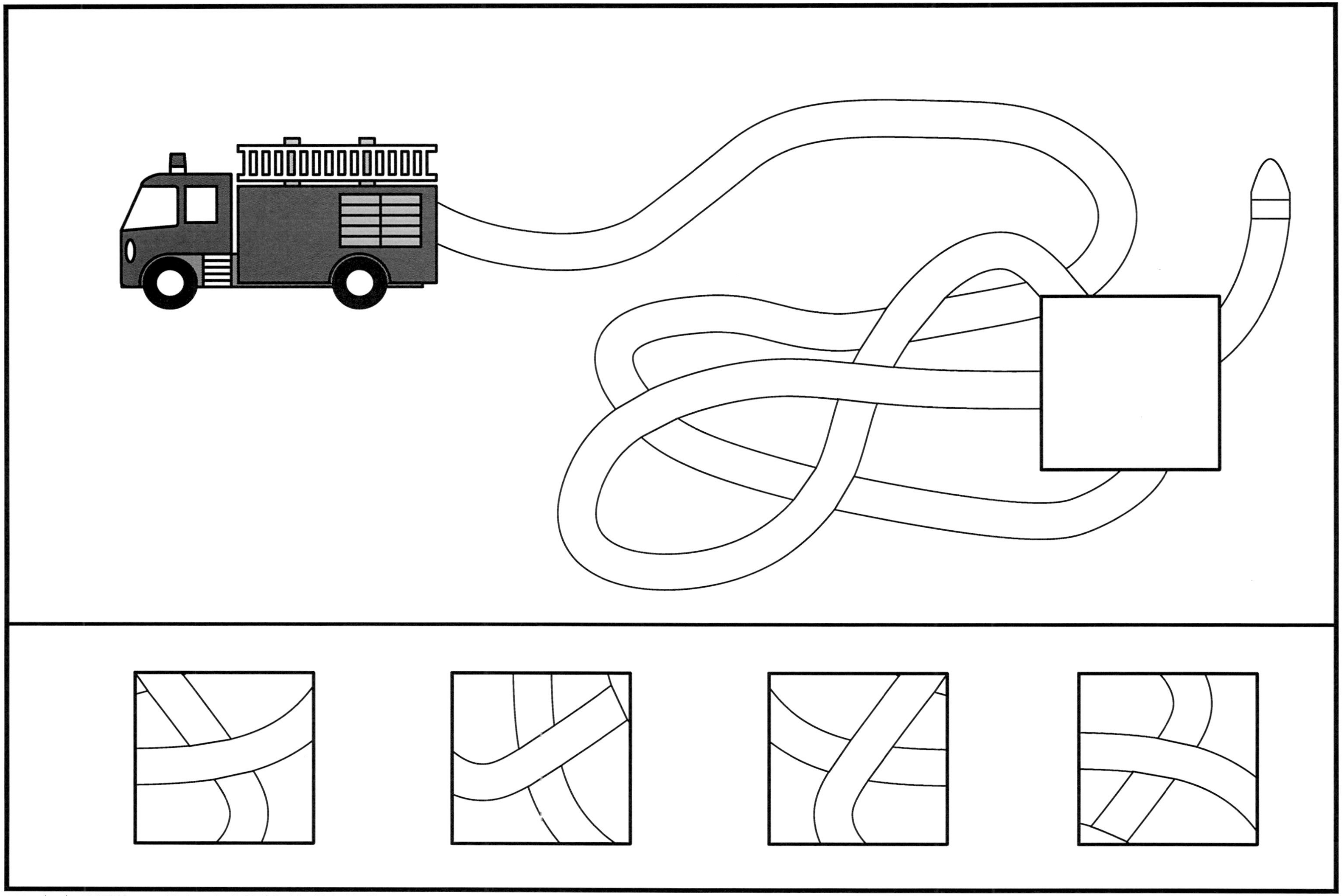

問題5

問題6－1

2021年度 附属池田 過去 無断複製／転載を禁ずる 日本学習図書株式会社

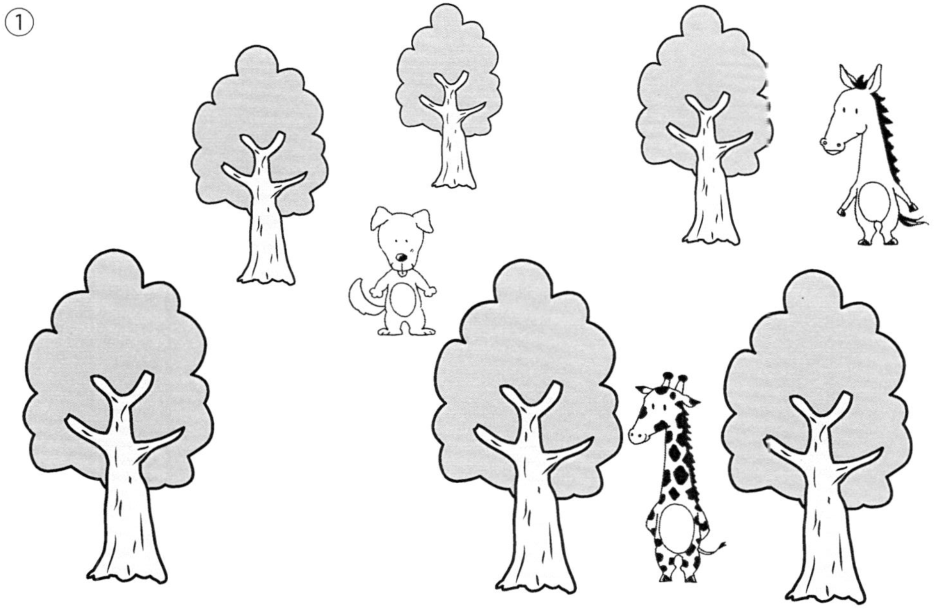

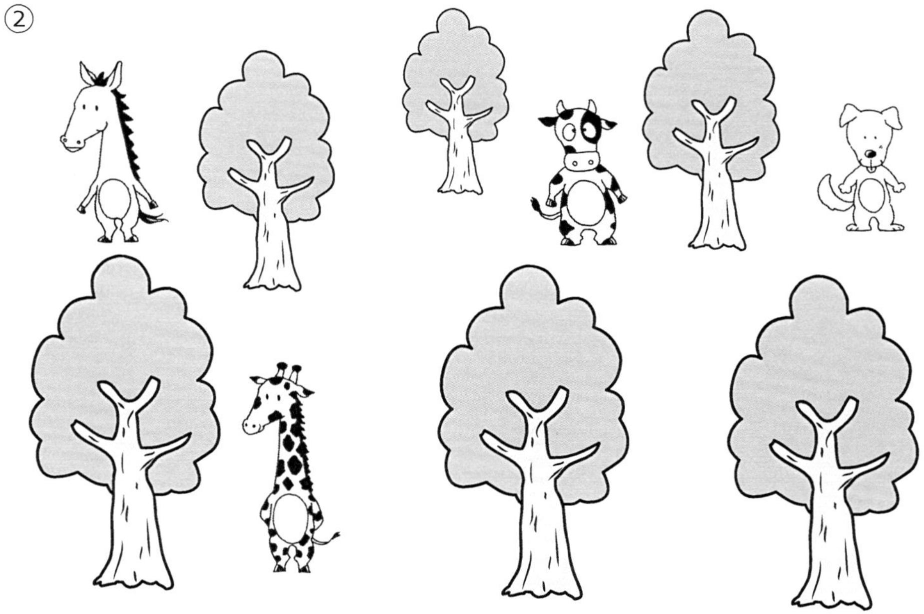

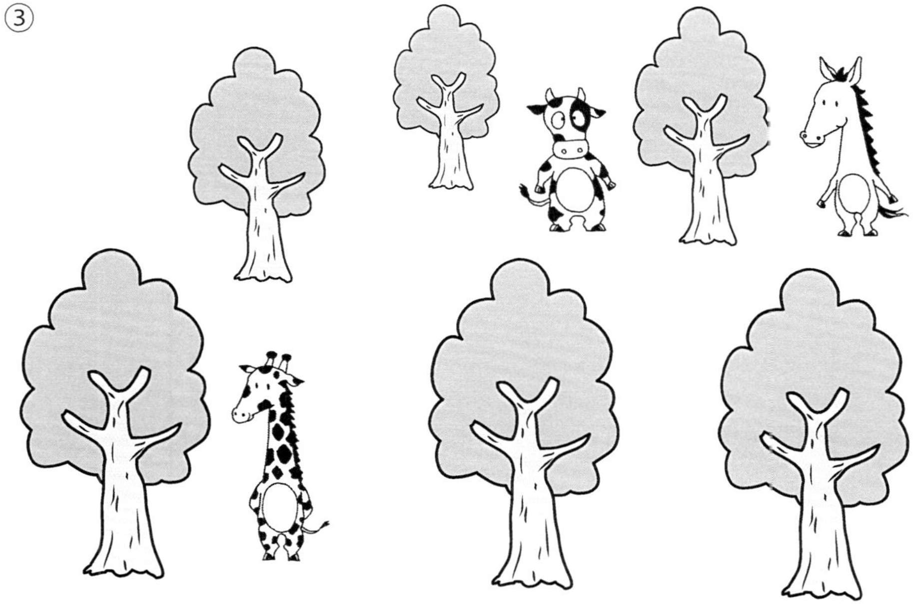

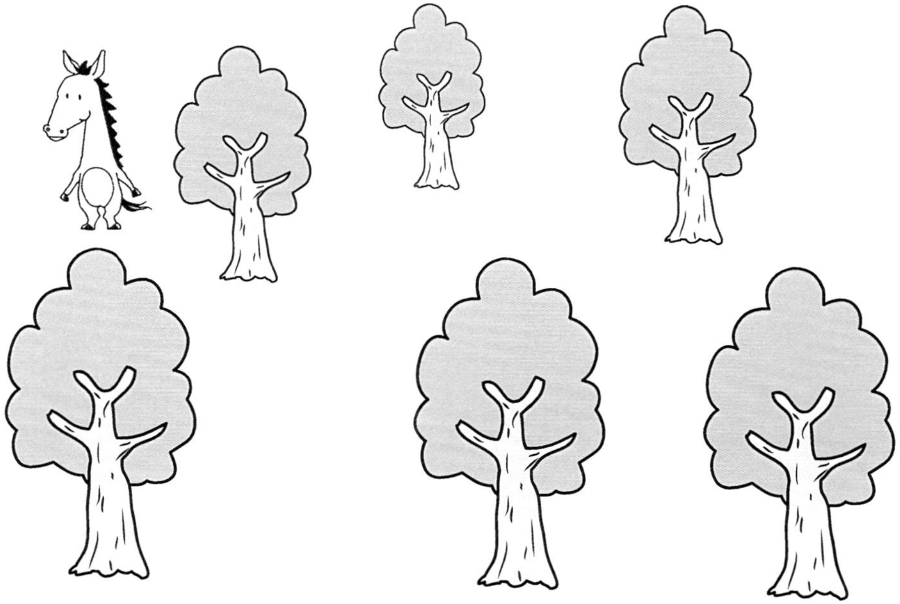

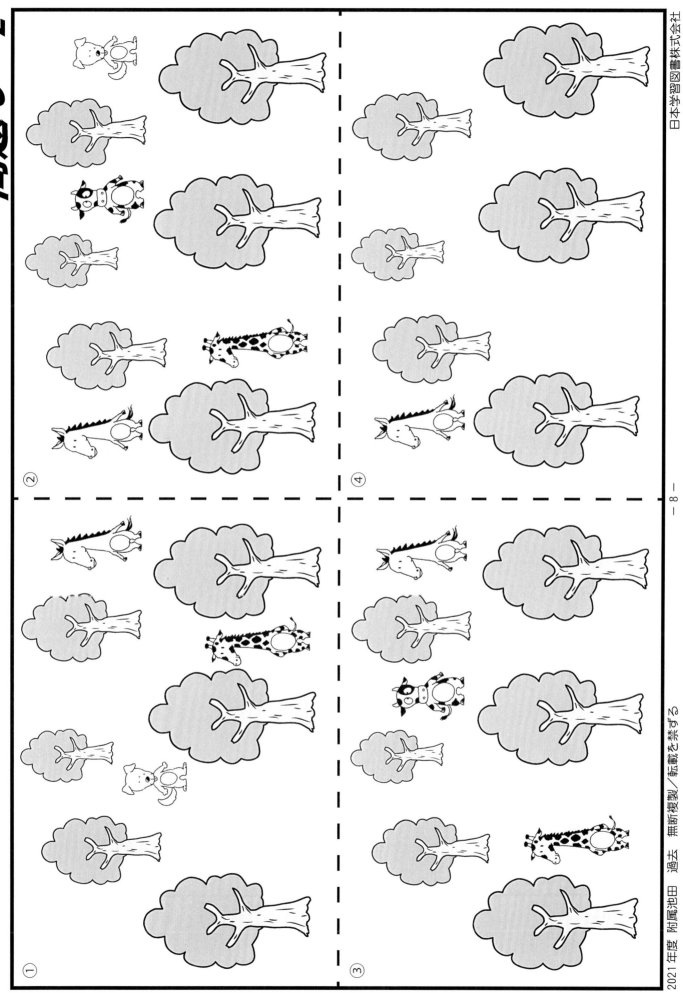

問題6－3

2021年度 附属池田 過去 無断複製/転載を禁ずる

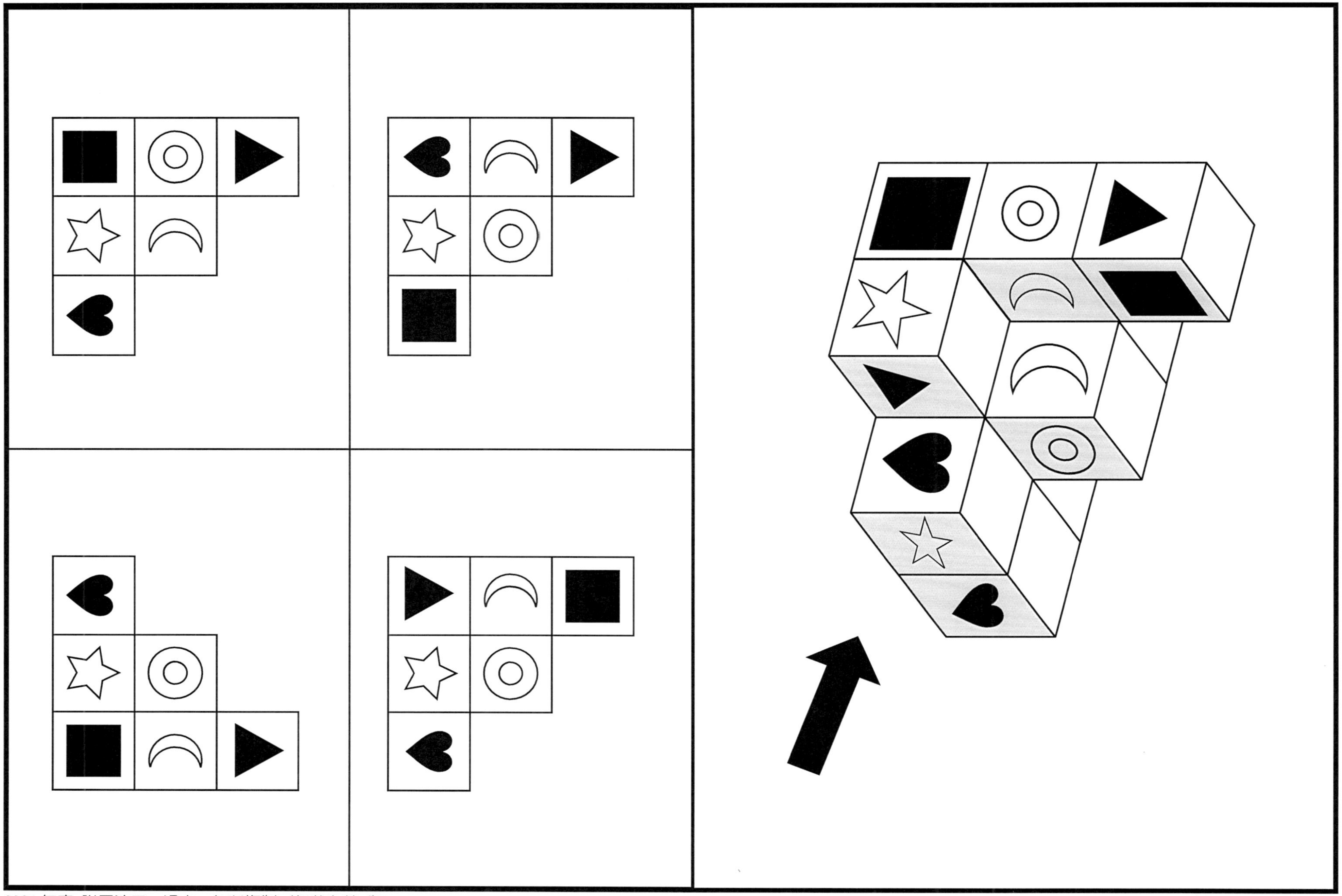

問題8－1

①

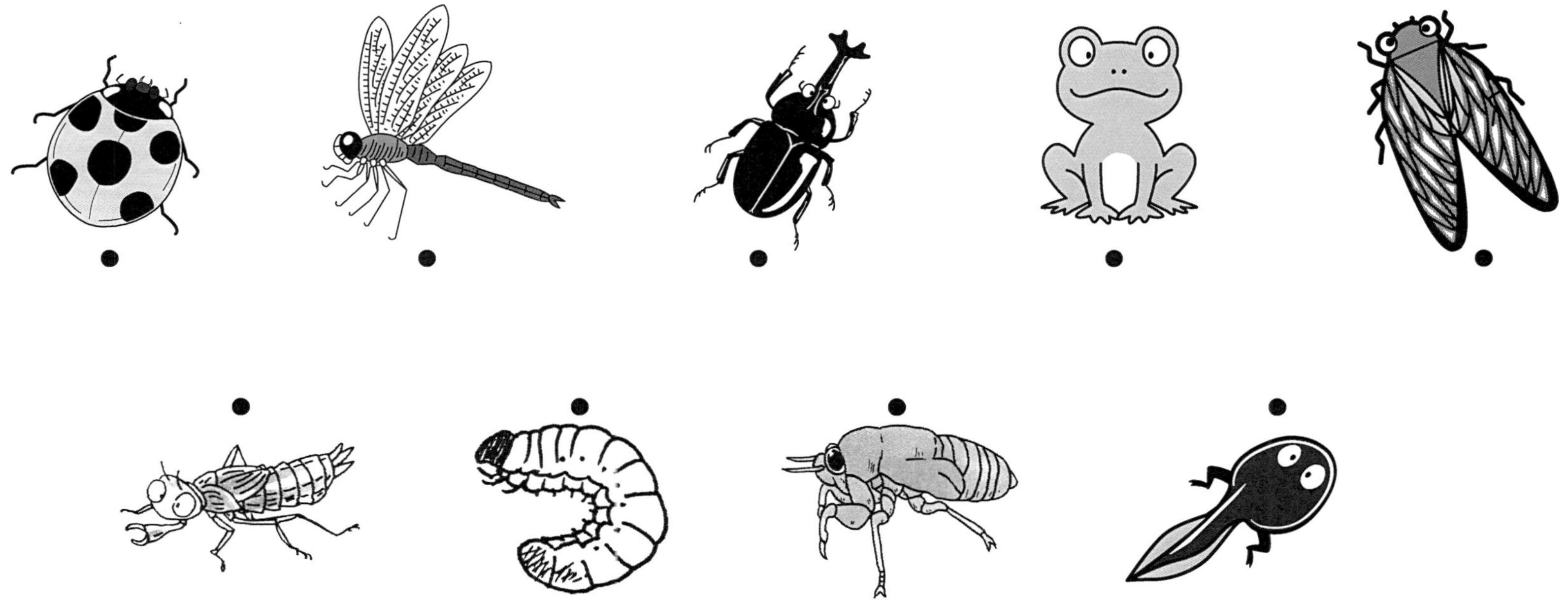

②

問題8－2

③

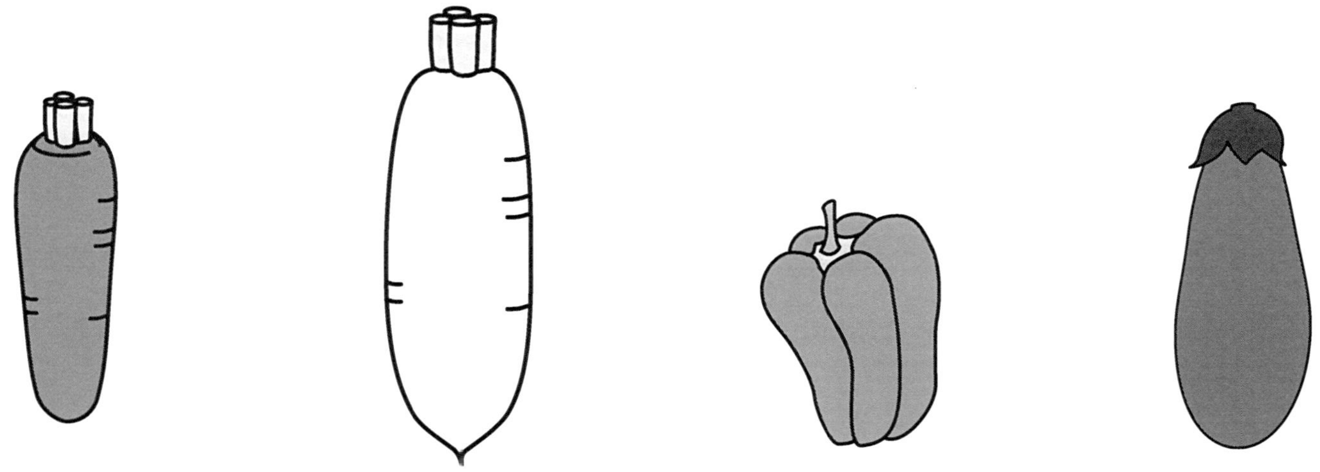

④

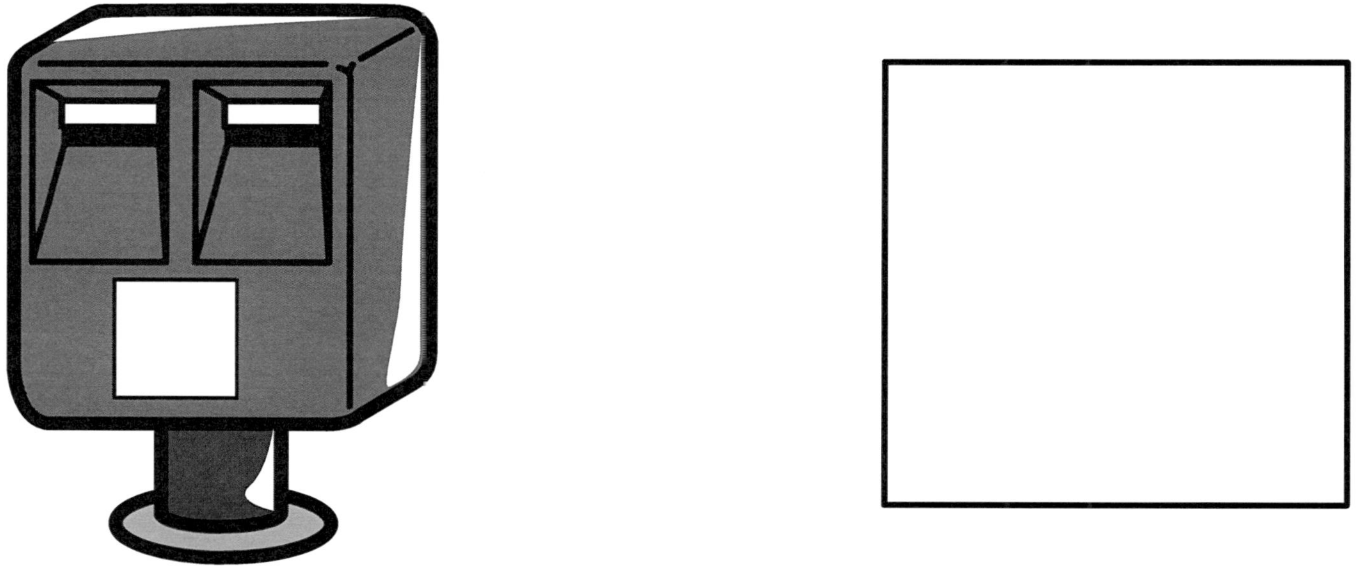

問題9

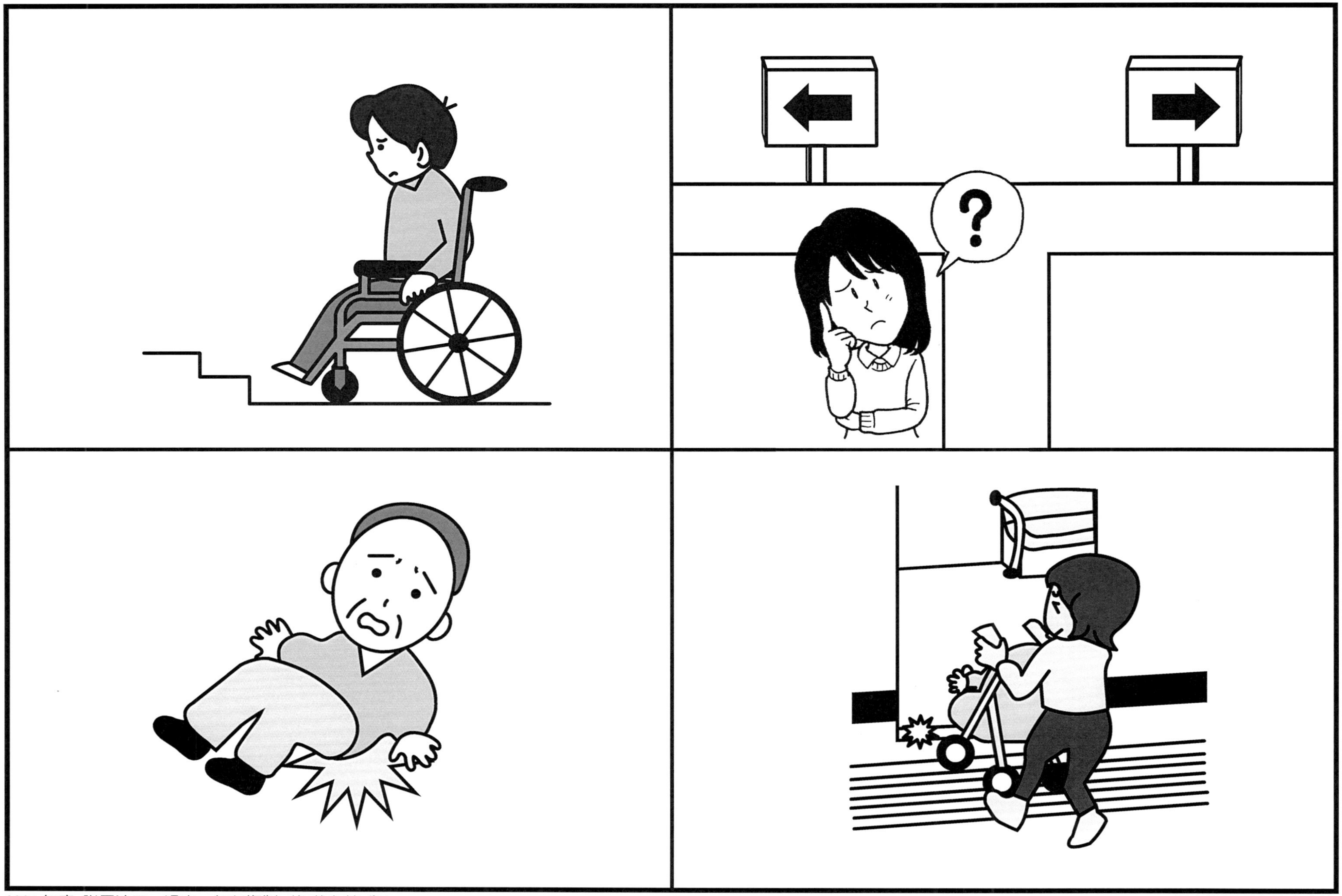

問題１０

白画用紙

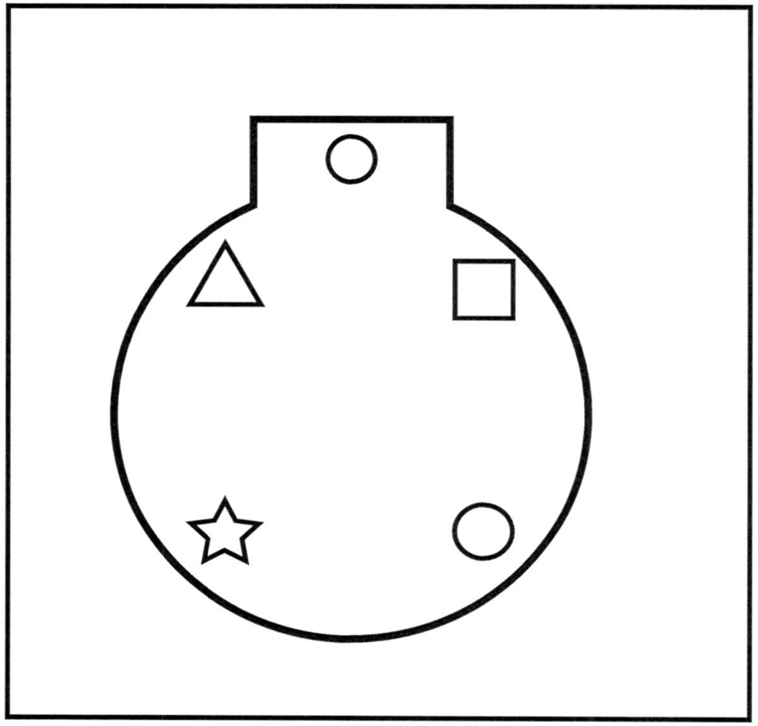

完成図

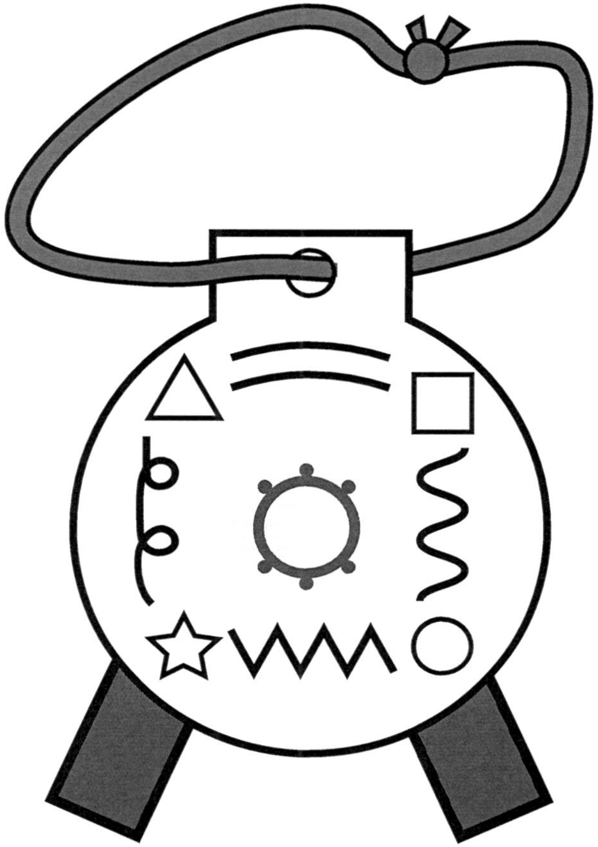

問題12

問題１４－１

①

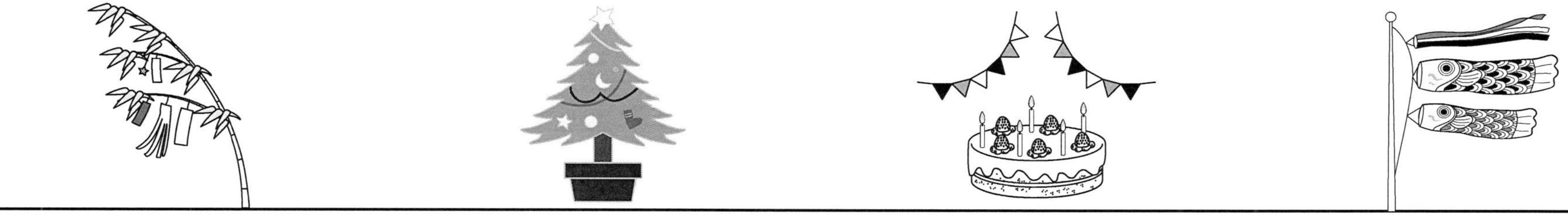

②

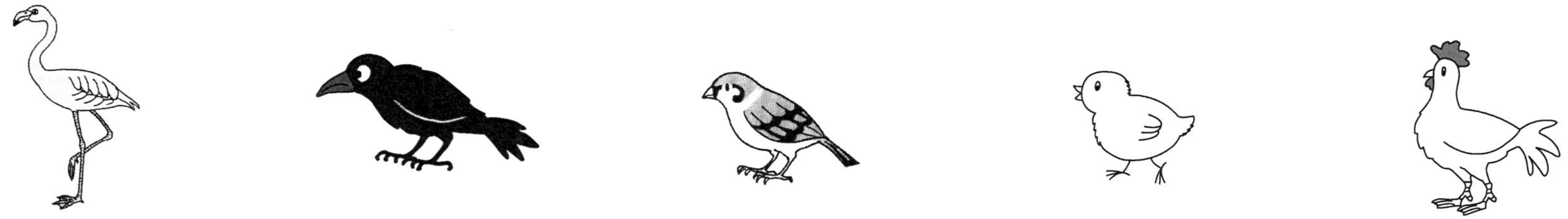

③

④

⑤

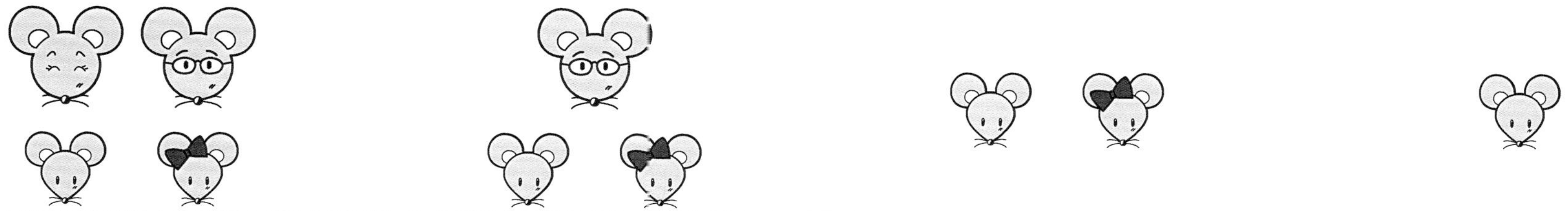

日本学習図書株式会社

問題１４－２

⑥

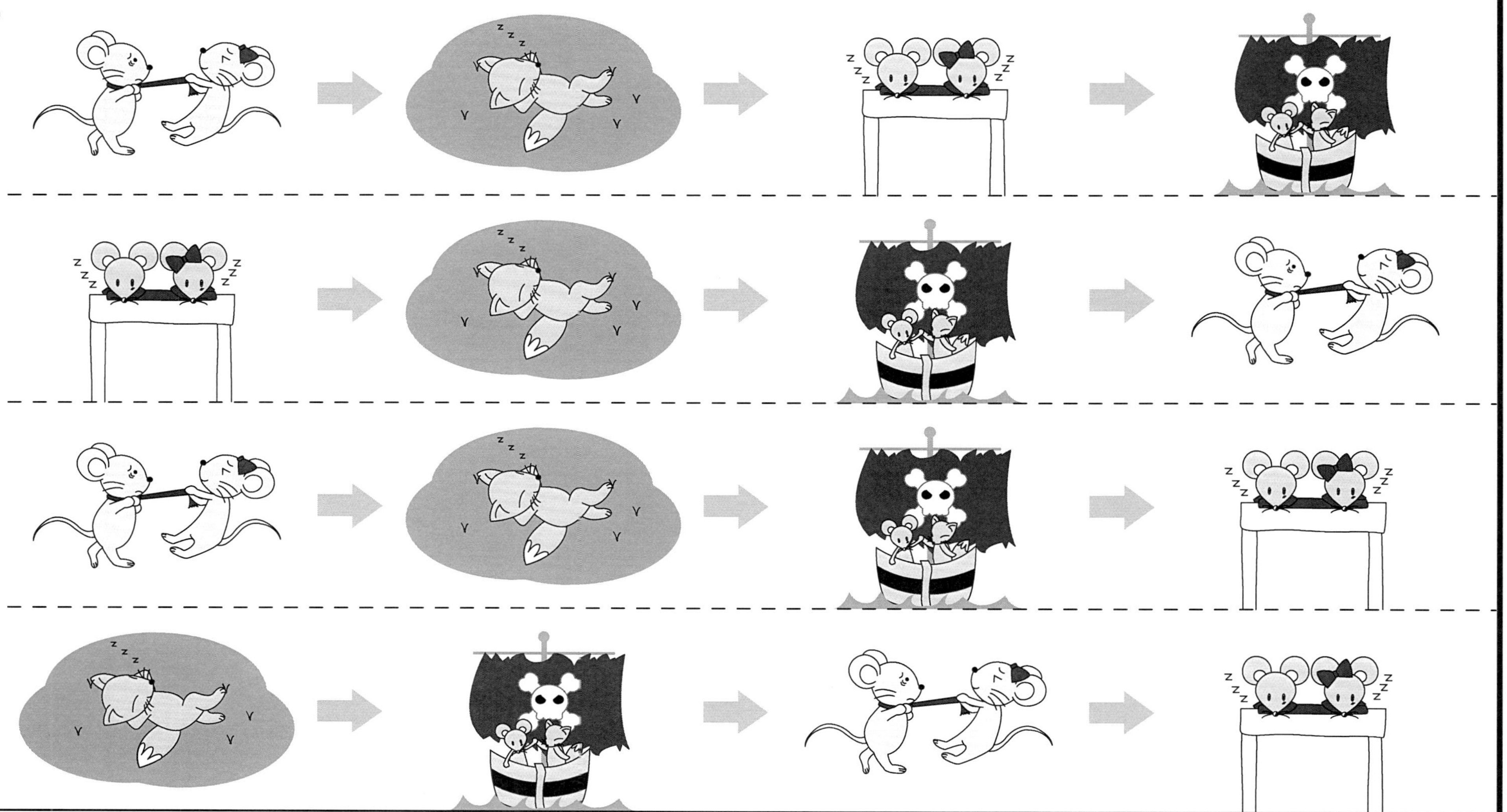

⑦

問題１５

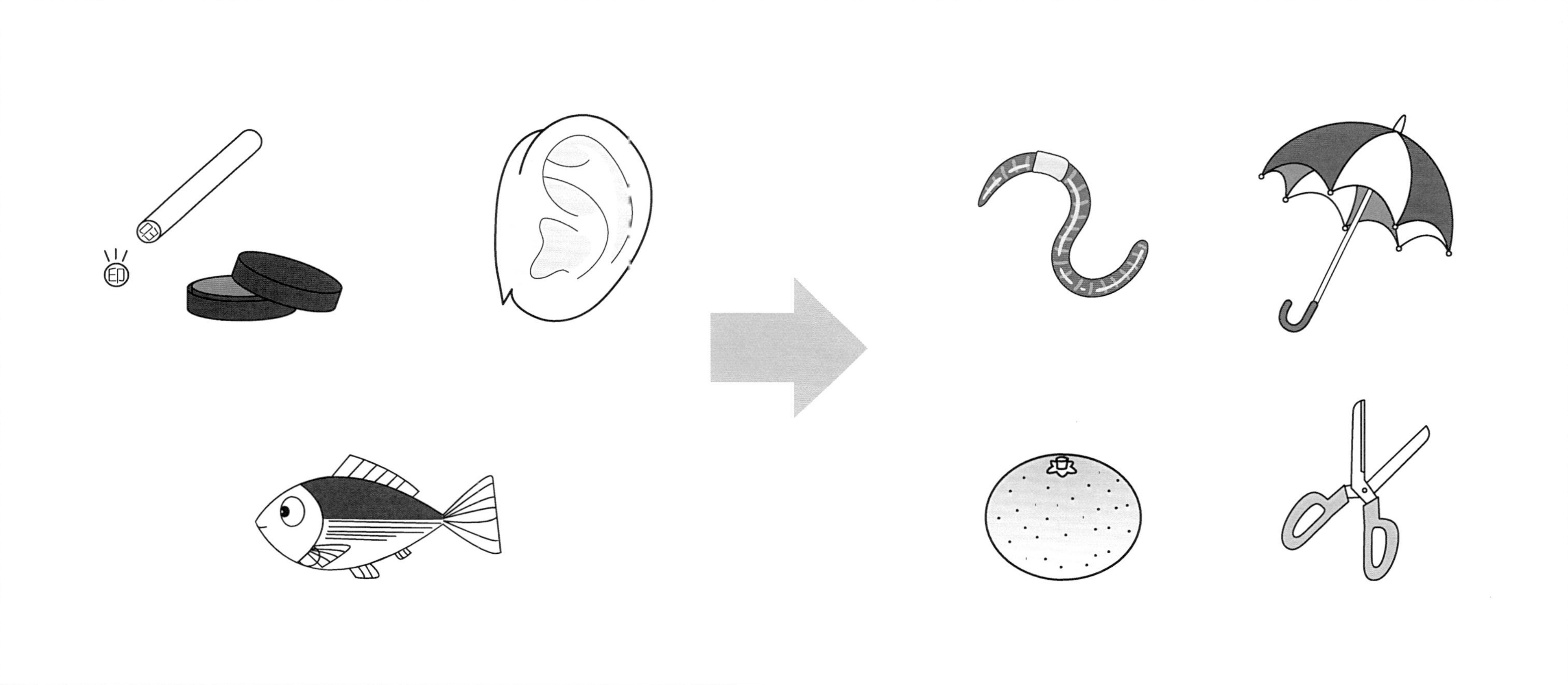

問題１６

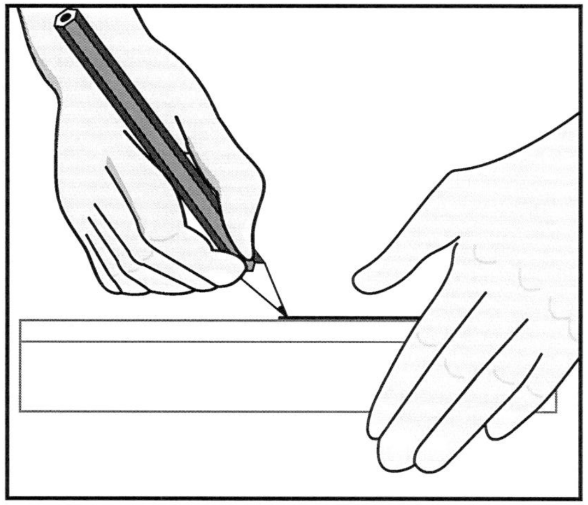

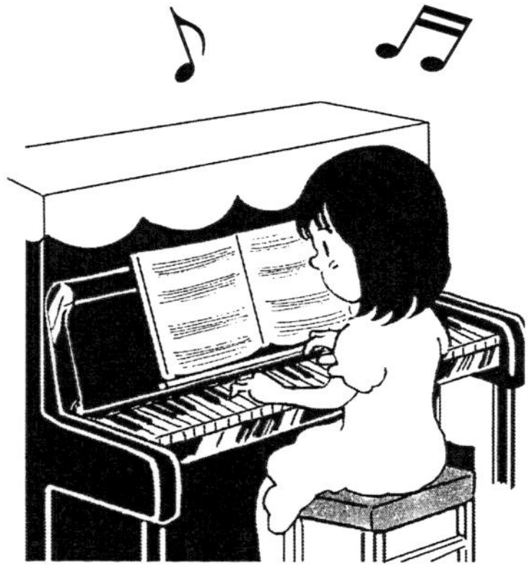

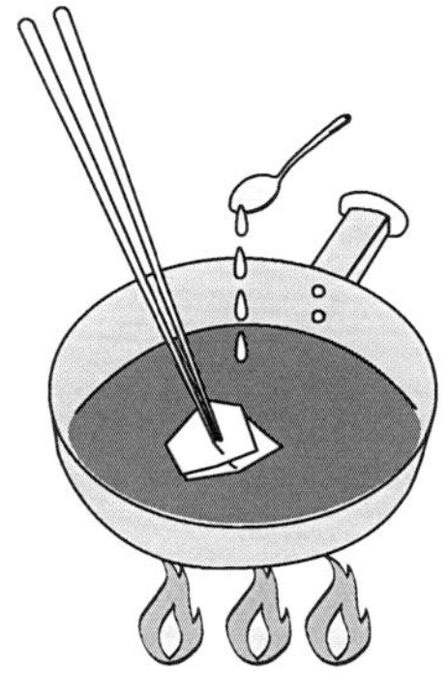

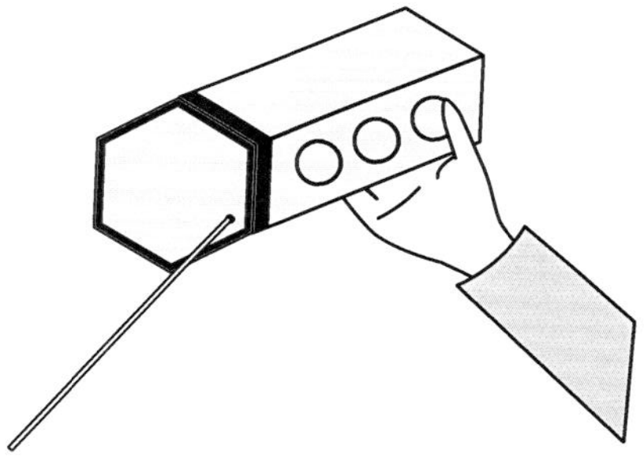

問題１７

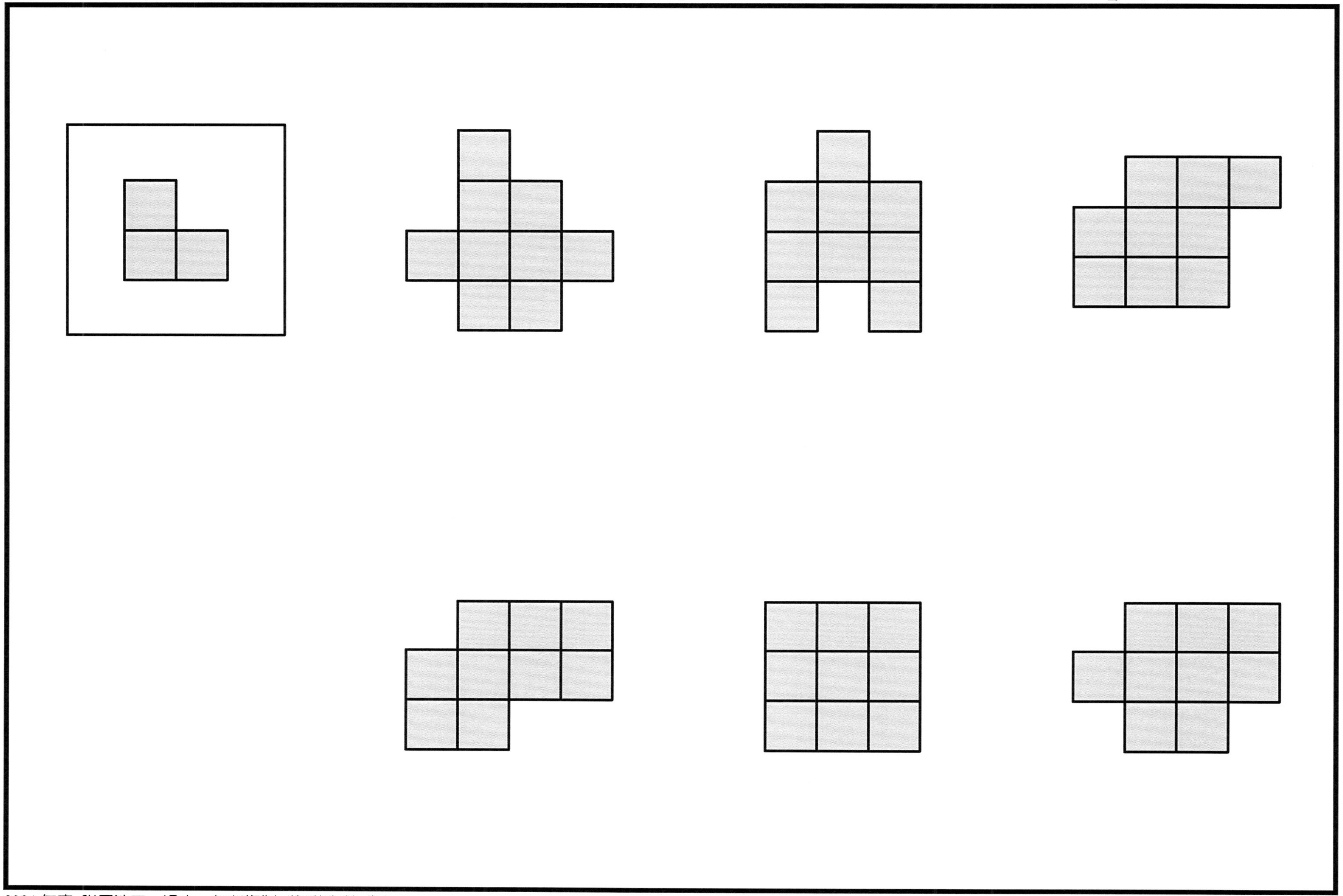

問題18

　●　　　　●　●　　　　●　

●　　　　●　

日本学習図書株式会社

2021年度　附属池田　過去　無断複製／転載を禁ずる

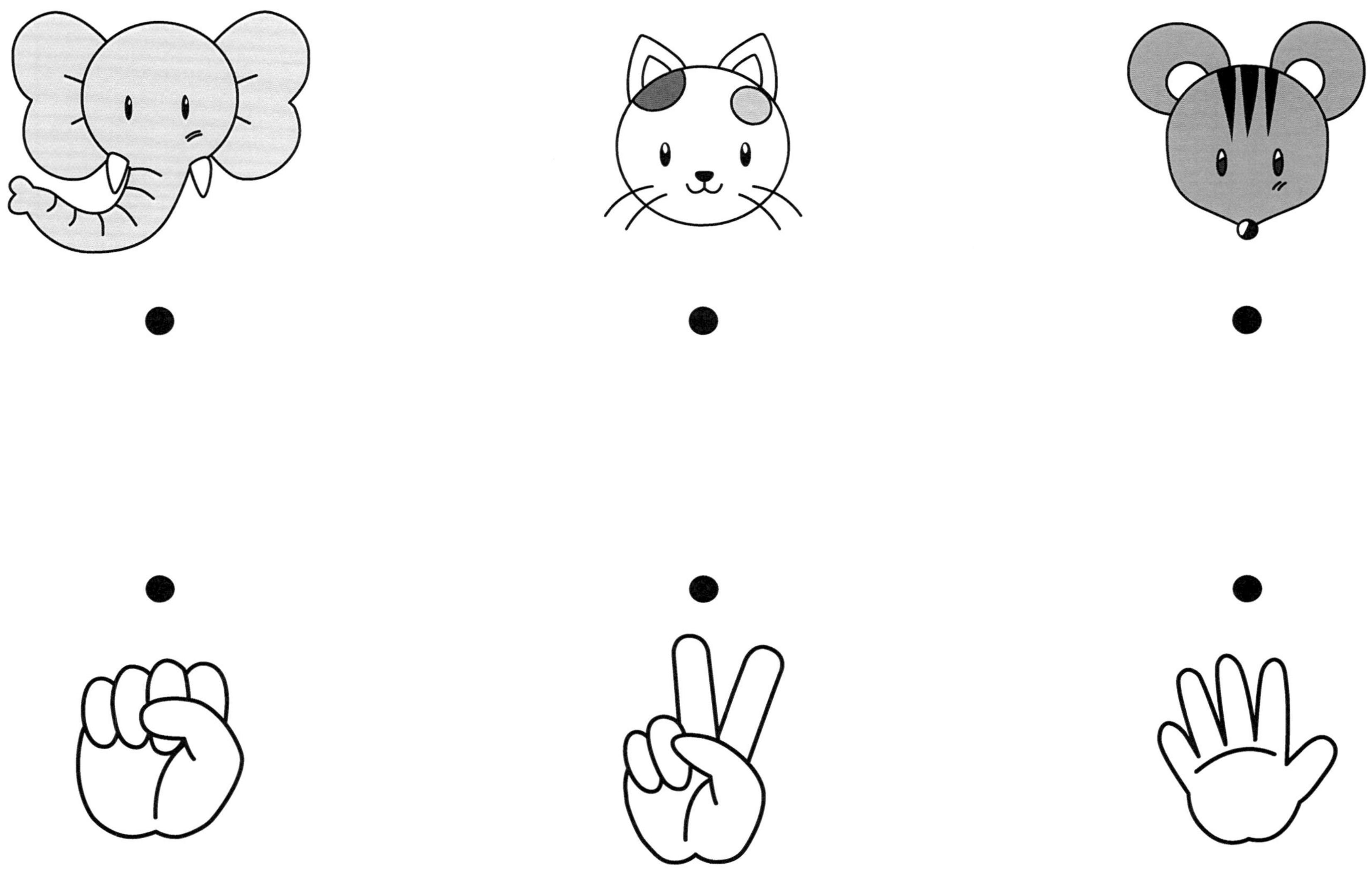

問題19

①

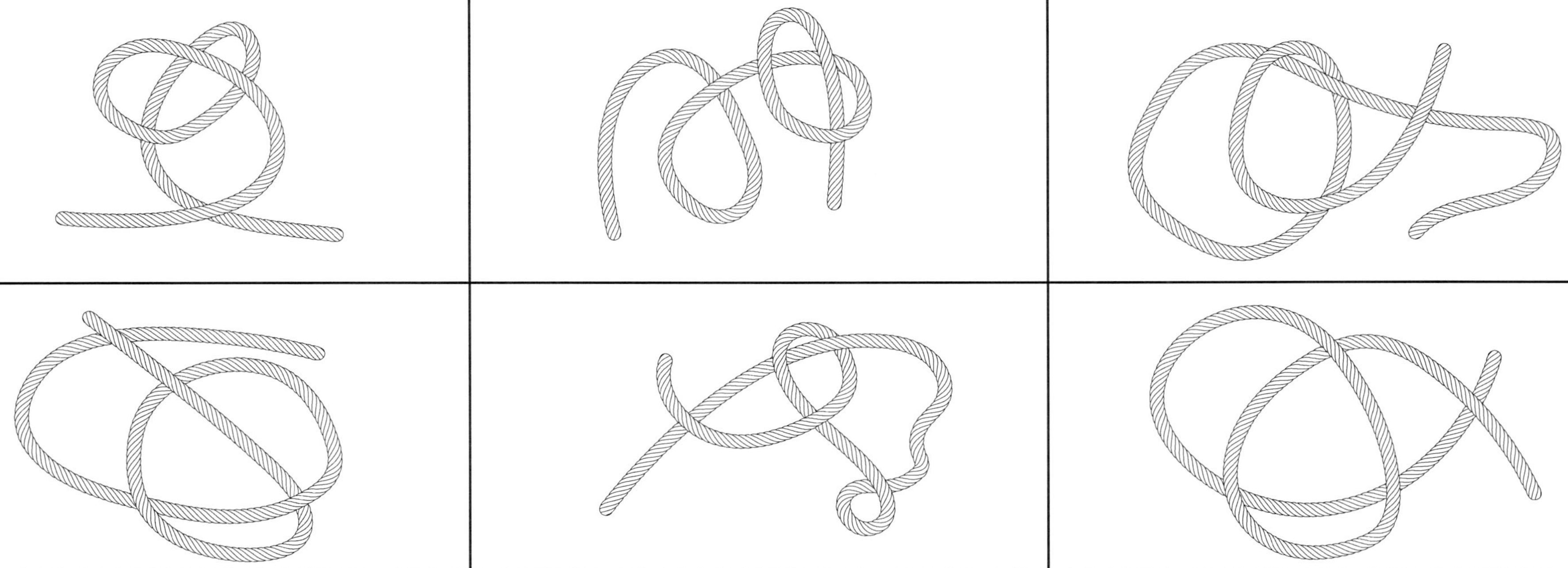

②

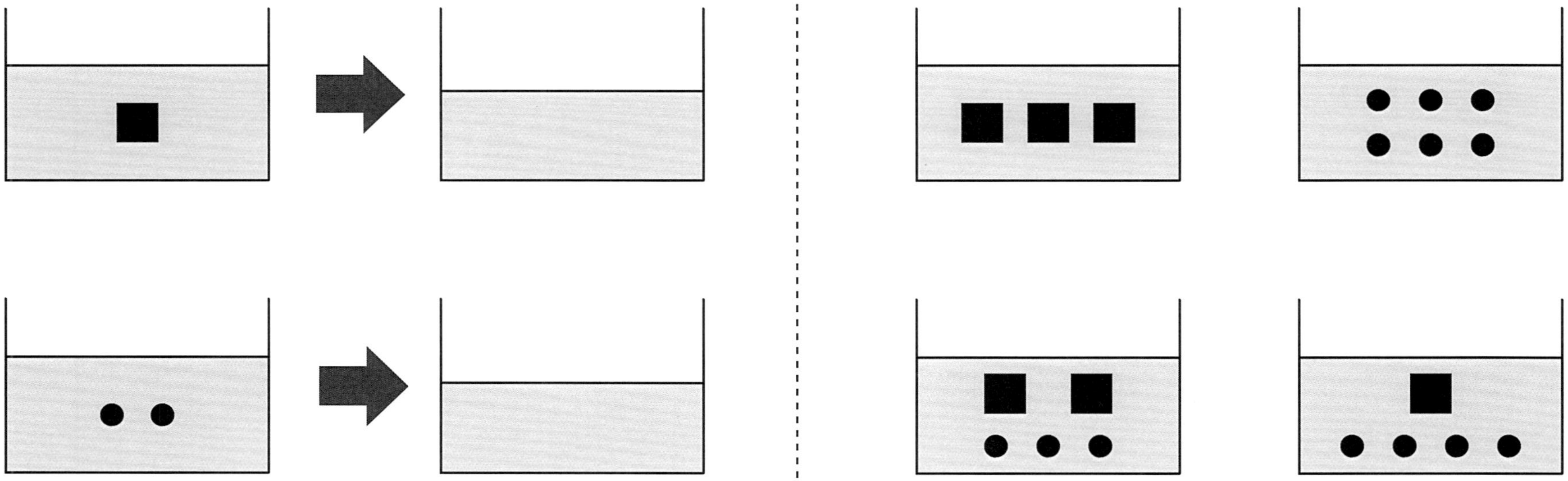

問題２０－１

①

②

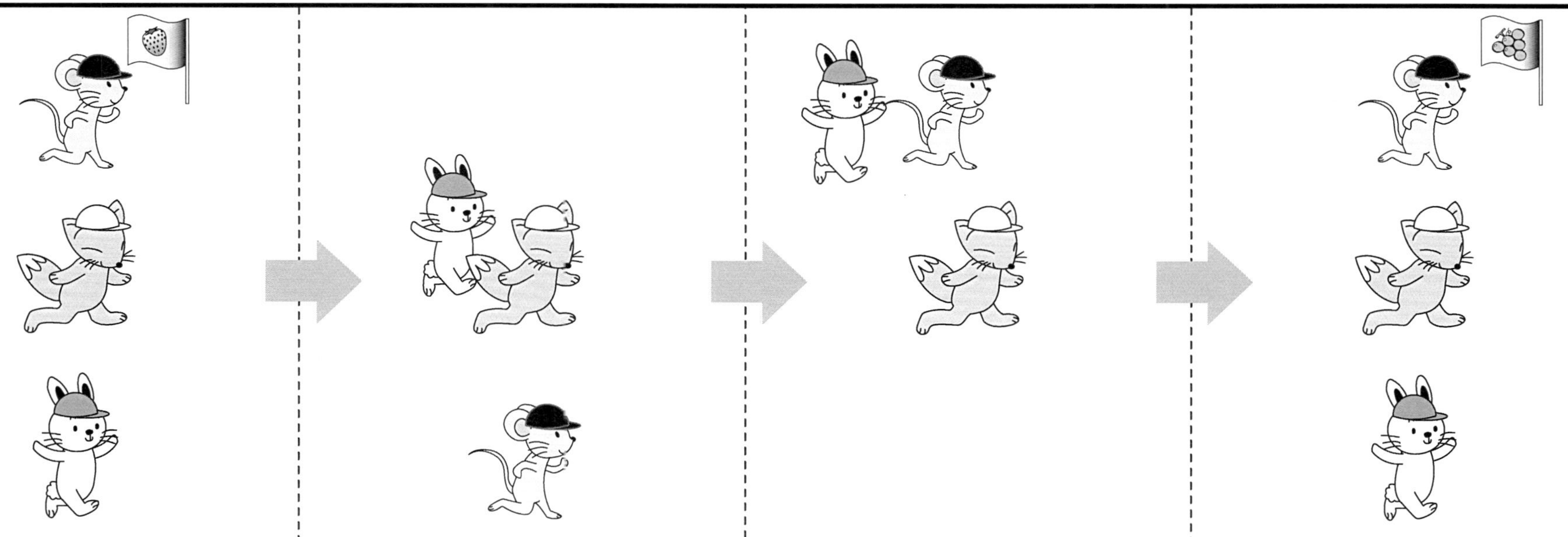

2021年度 附属池田 過去 無断複製／転載を禁ずる 日本学習図書株式会社

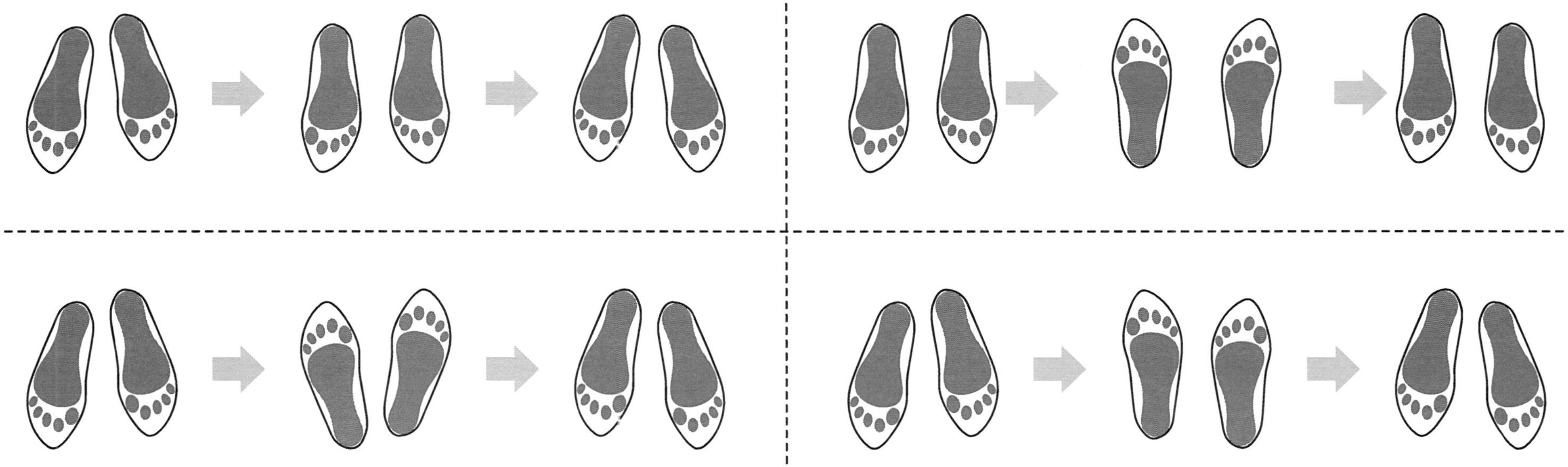

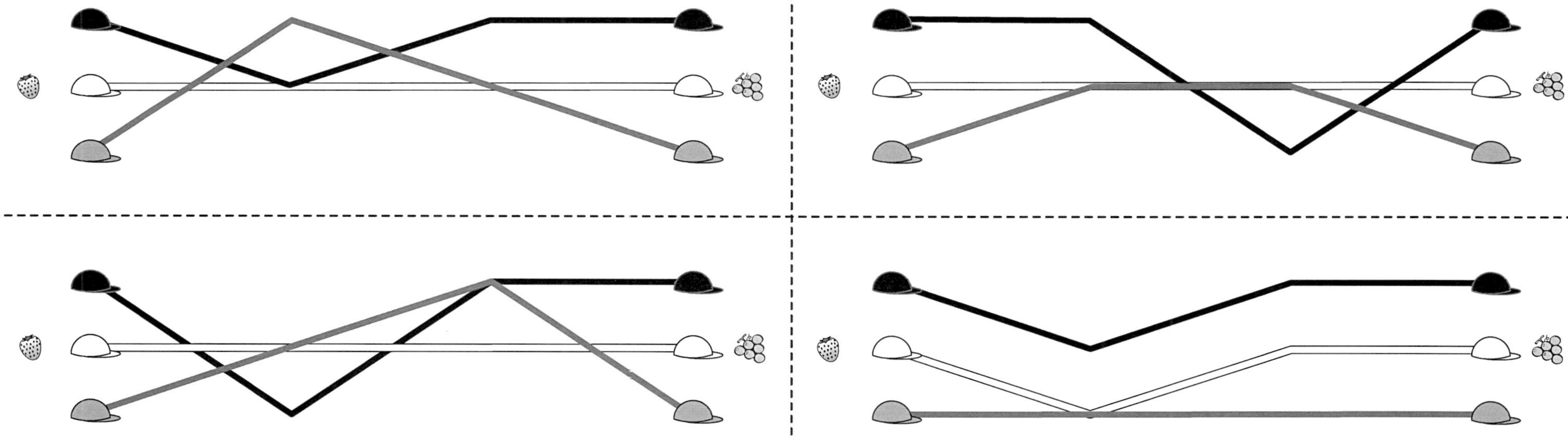

①

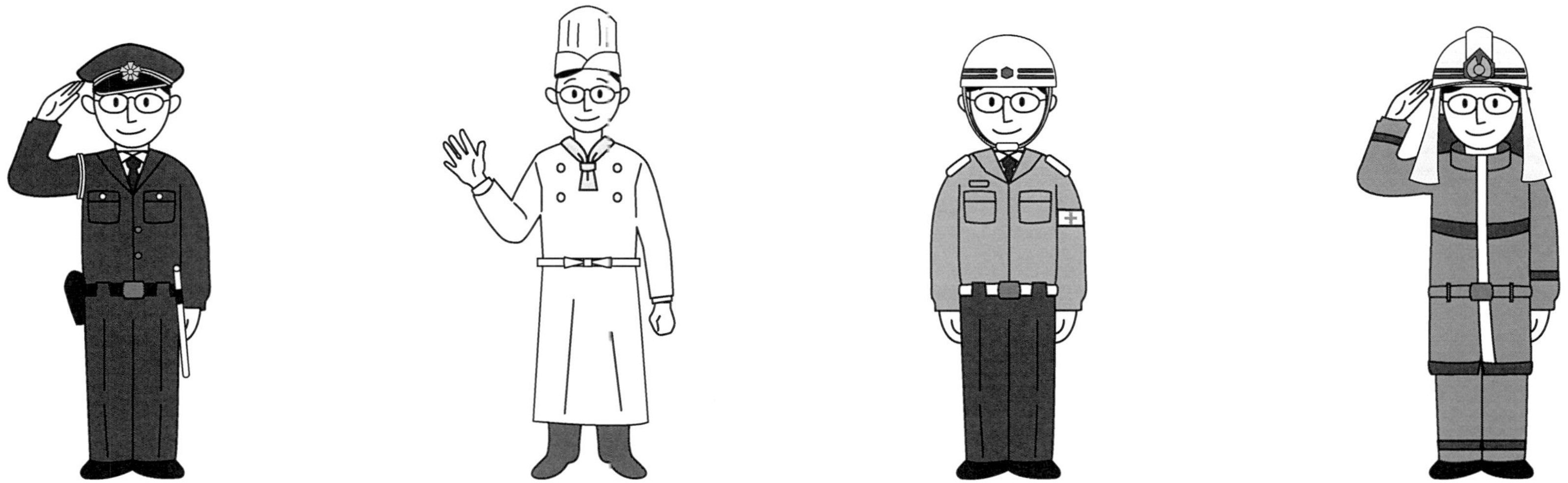

②

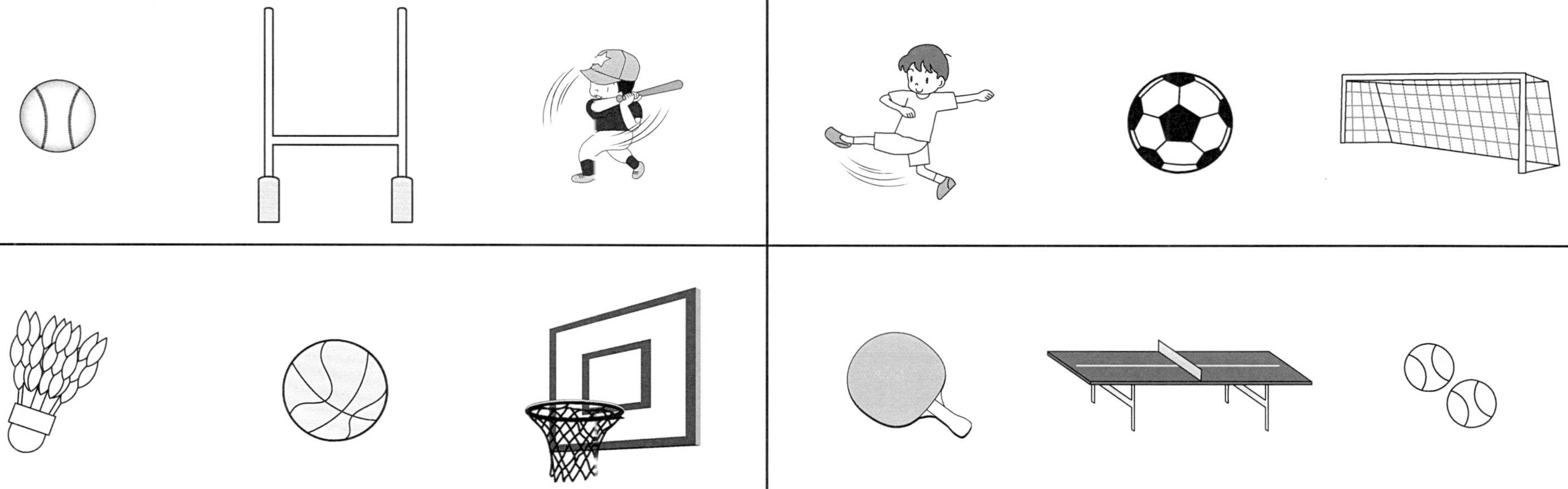

問題21－2

③

④

問題22

問題 2 3

完成図

画用紙A

画用紙B

ひも

色紙

色紙を4つに折る

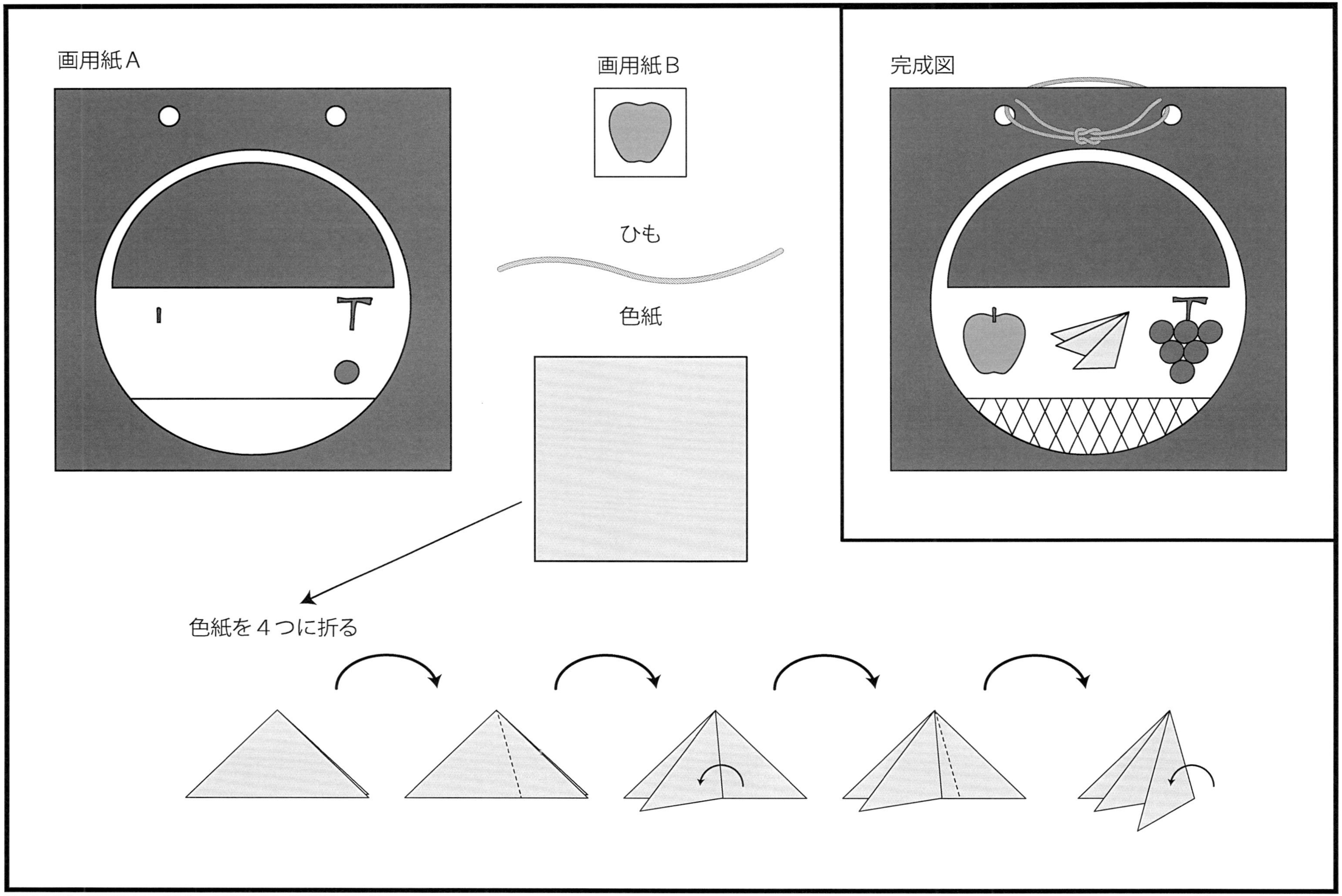

問題２５

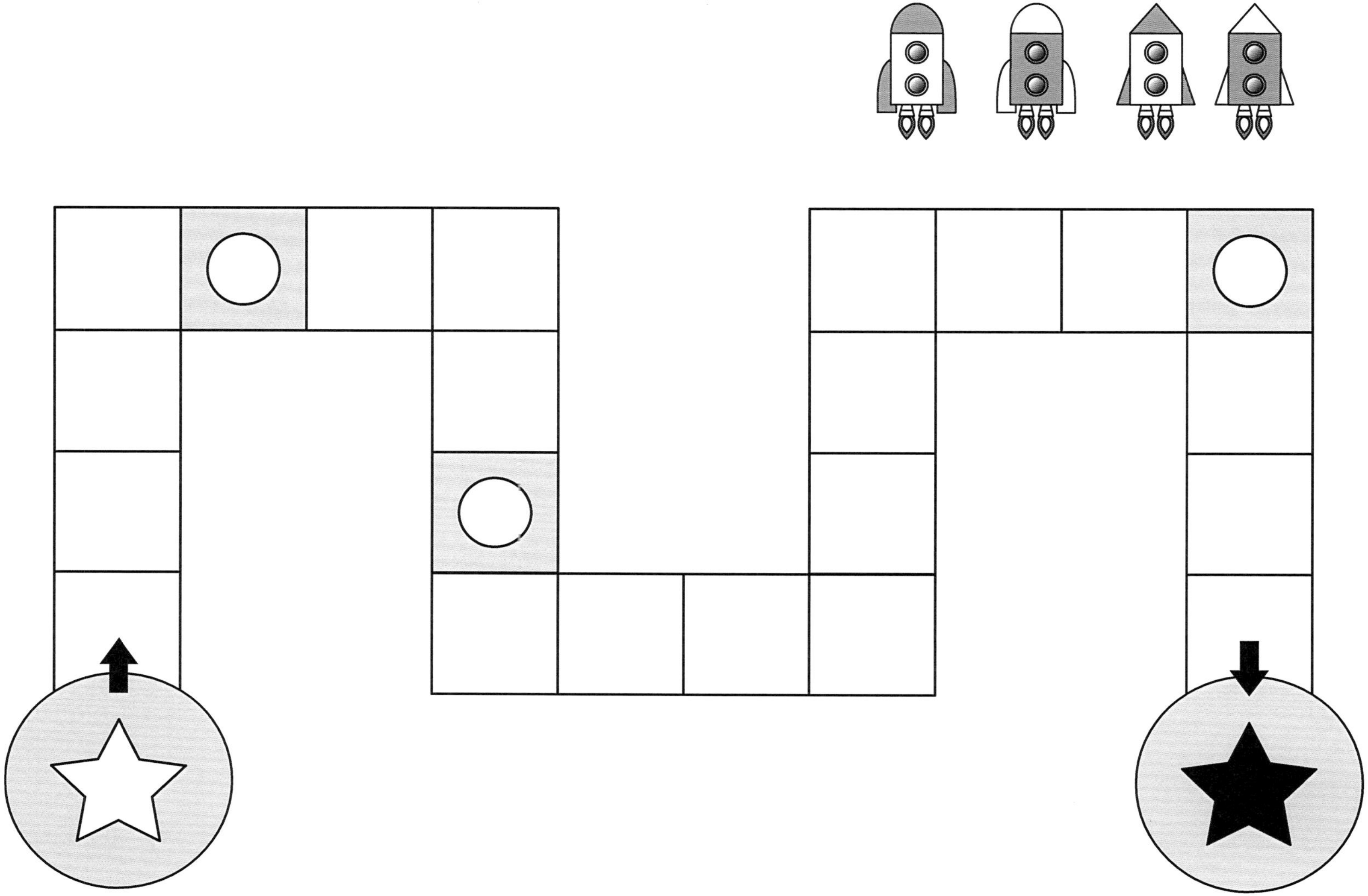

問題２６

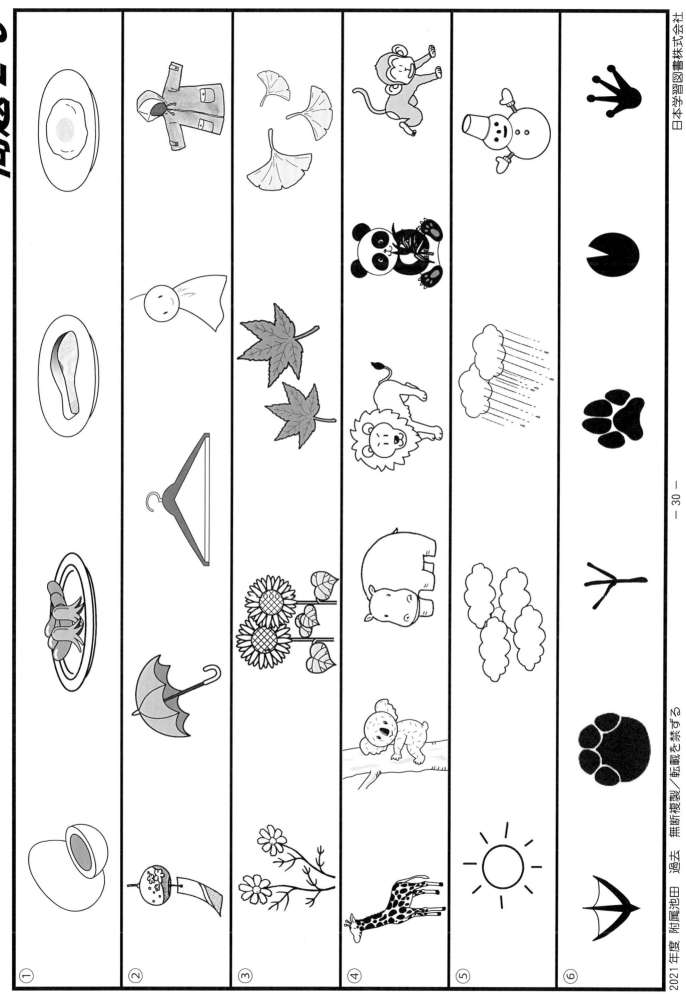

①

②

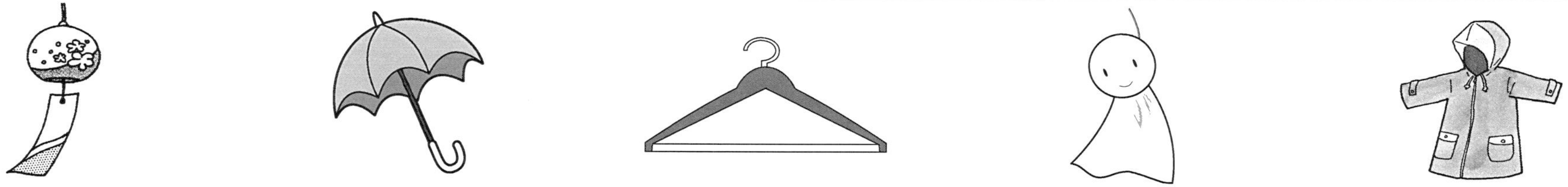

③

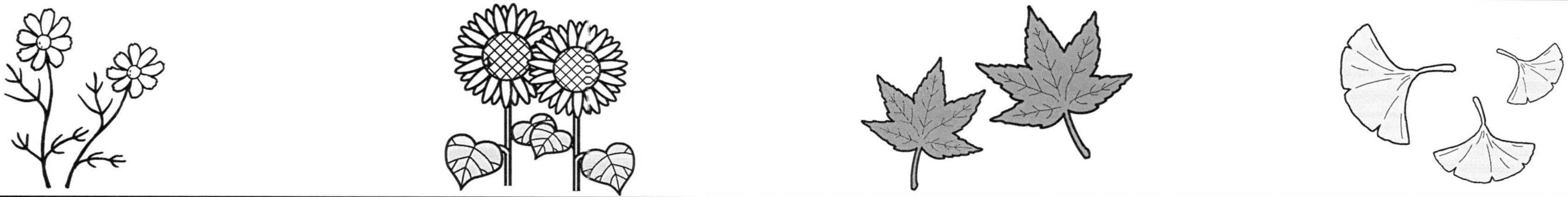

④

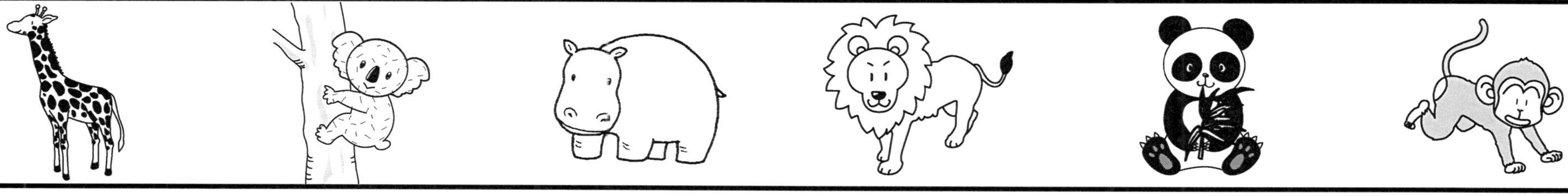

⑤

⑥

2021年度 附属池田 過去 無断複製／転載を禁ずる 日本学習図書株式会社

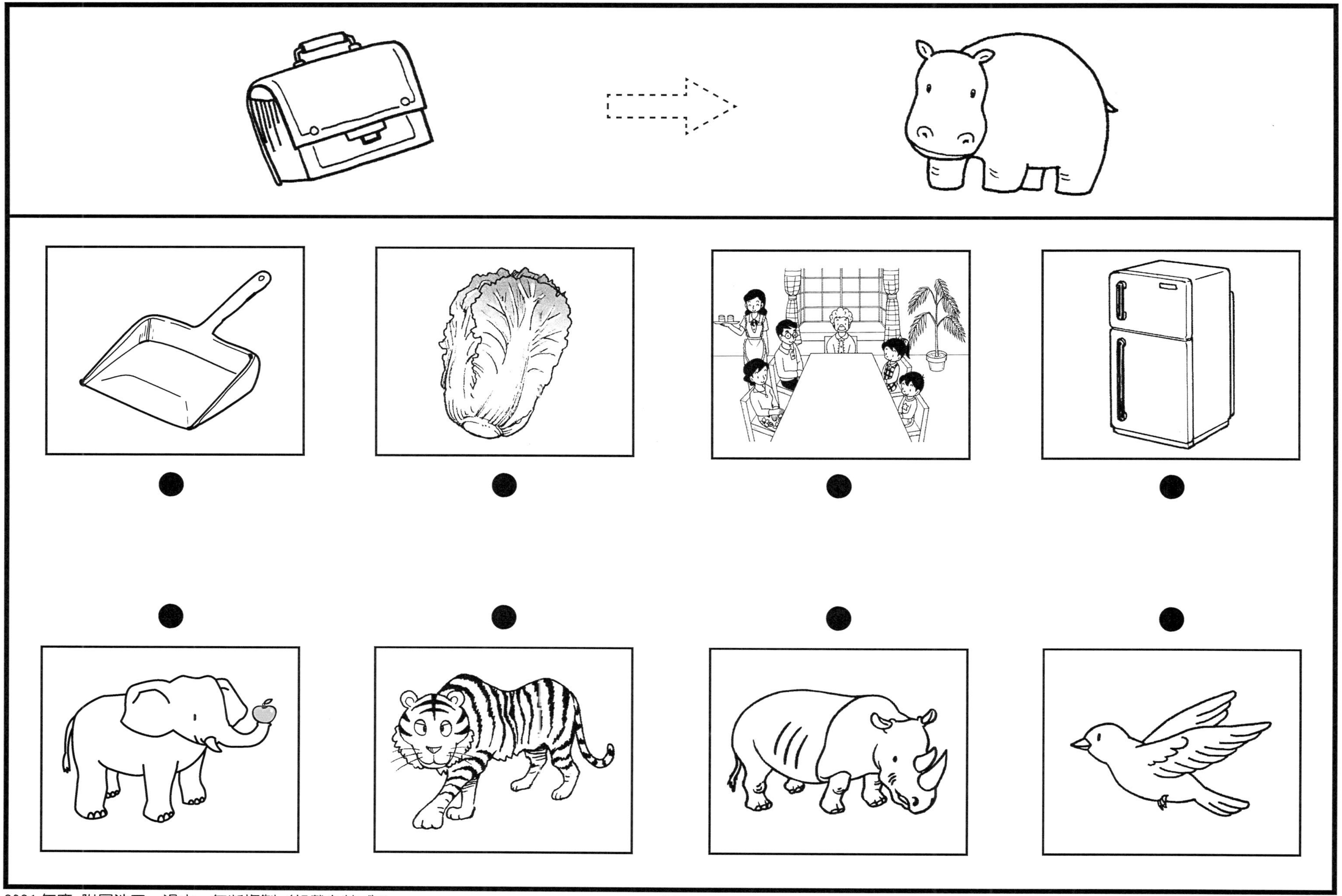

問題28

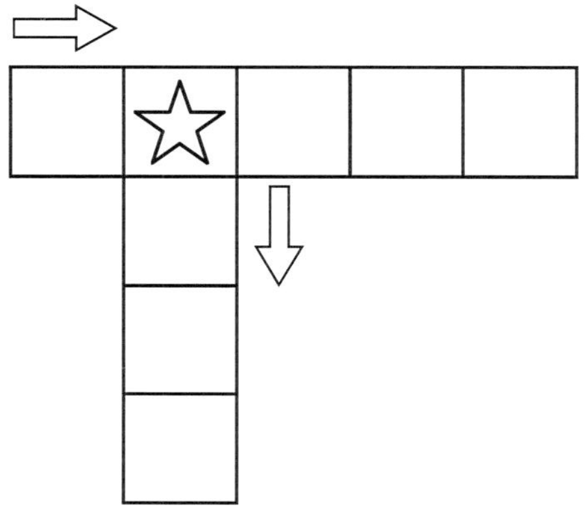

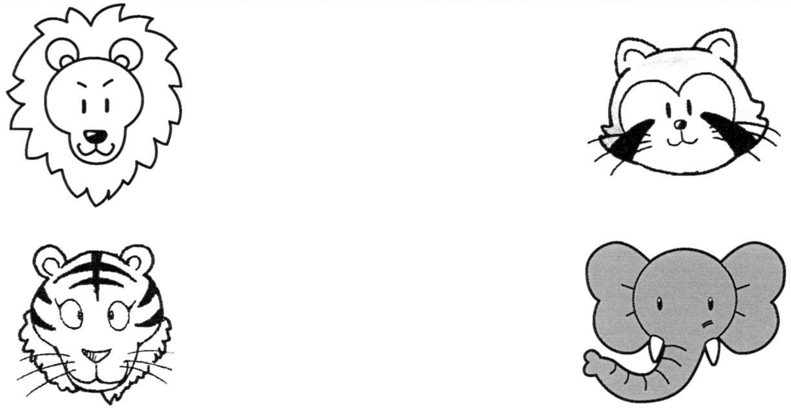

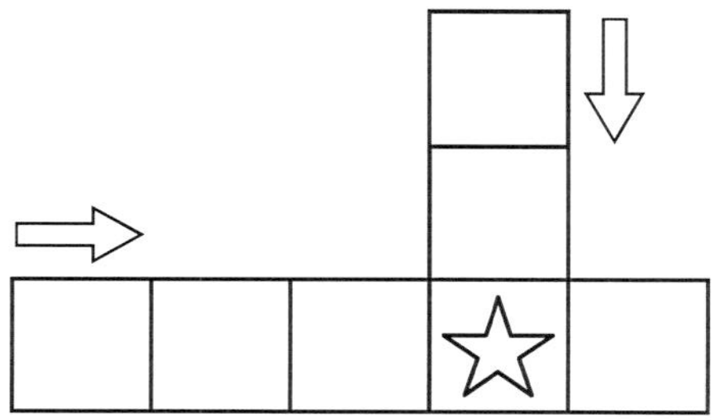

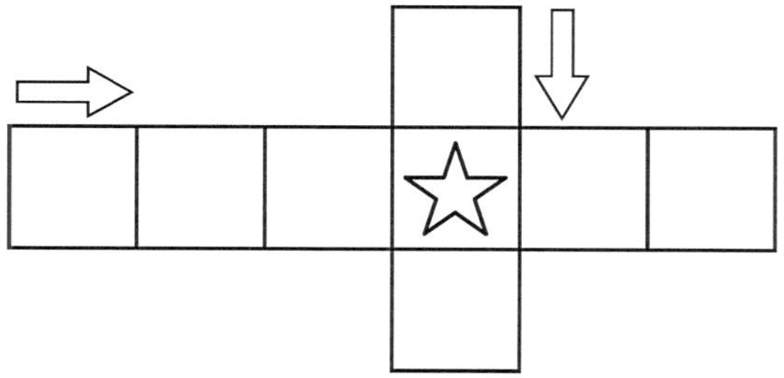

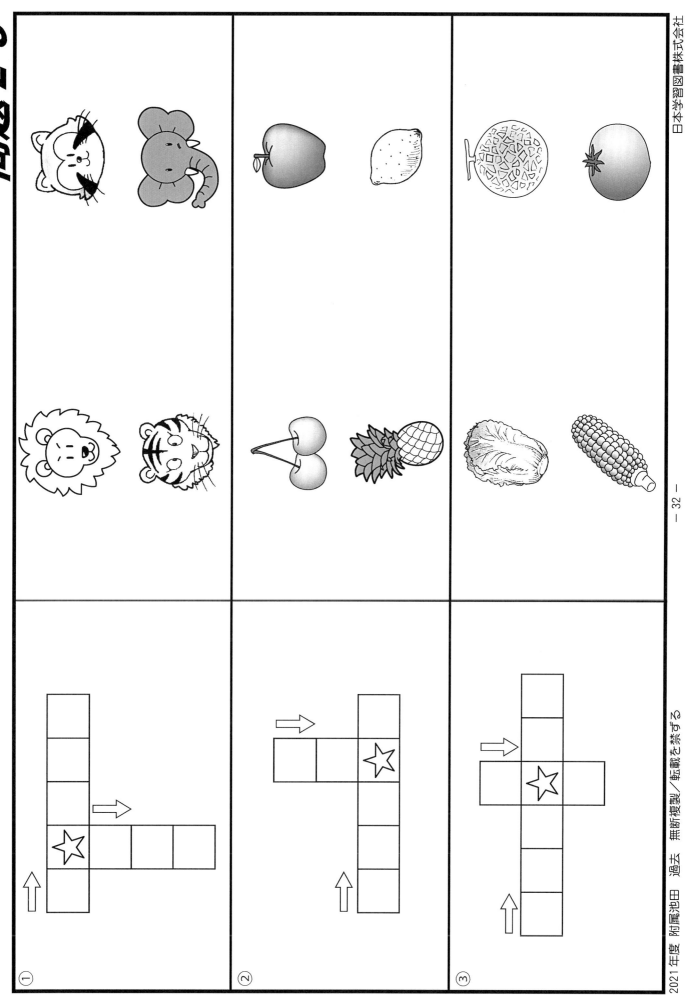

問題２９

問題３０

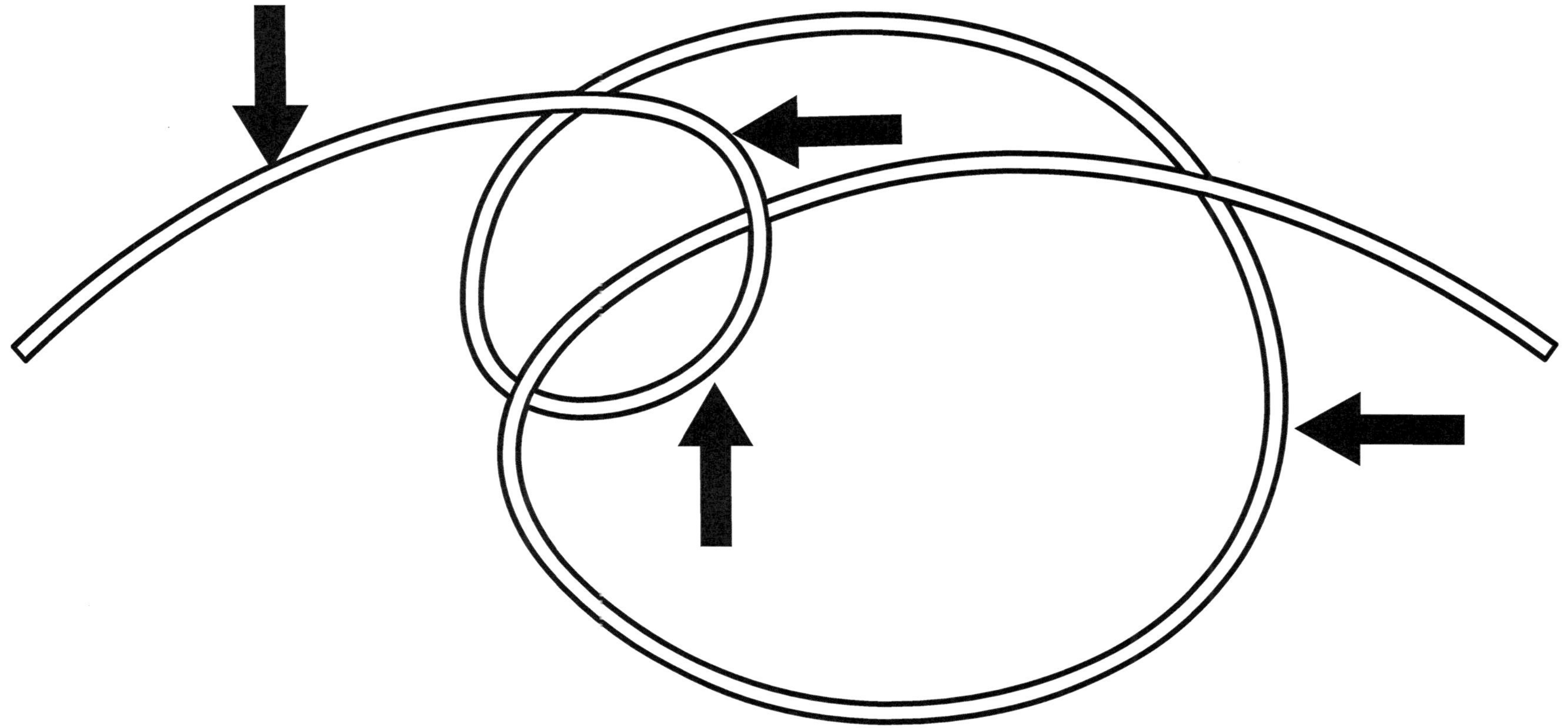

分野別 小学入試練習帳 ジュニアウォッチャー

1．点・線図形	小学校入試で出題頻度の高い『点・線図形』の模写を、難易度の低いものから段階別に幅広く練習することができるように構成。
2．座標	図形の位置模写という作業を、難易度の低いものから段階別に練習できるように構成。
3．パズル	様々なパズルの問題を難易度の低いものから段階別に練習できるように構成。
4．同図形探し	小学校入試で出題頻度の高い、同図形選びの問題を繰り返し練習できるように構成。
5．回転・展開	図形などを回転、または展開したとき、形がどのように変化するかを学習し、理解を深められるように構成。
6．系列	数、図形などの様々な系列問題を、難易度の低いものから段階別に練習できるように構成。
7．迷路	迷路の問題を繰り返し練習できるように構成。
8．対称	対称に関する問題を４つのテーマに分類し、各テーマごとに問題を段階別に練習できるように構成。
9．合成	図形の合成に関する問題を、難易度の低いものから段階別に練習できるように構成。
10. 四方からの観察	もの（立体）を様々な角度から見て、どのように見えるかを推理する問題を段階別に整理し、１つの形式で複数の問題を練習できるように構成。
11. いろいろな仲間	ものや動物、植物の共通点を見つけ、分類していく問題を中心に構成。
12. 日常生活	日常生活における様々な問題を６つのテーマに分類し、各テーマごとに一つの問題形式で複数の問題を練習できるように構成。
13. 時間の流れ	『時間』に着目し、様々なものごとは、時間が経過するとどのように変化するのかということを学習し、理解できるように構成。
14. 数える	様々なものを『数える』ことから、数の多少の判定やかけ算、わり算の基礎までを練習できるように構成。
15. 比較	比較に関する問題を５つのテーマ（数、高さ、長さ、量、重さ）に分類し、各テーマごとに問題を段階別に練習できるように構成。
16. 積み木	数える対象を積み木に限定した問題集。
17. 言葉の音遊び	言葉の音に関する問題を５つのテーマに分類し、各テーマごとに問題を段階別に練習できるように構成。
18. いろいろな言葉	表現力をより豊かにするいろいろな言葉として、擬態語や擬声語、同音異義語、反意語、数詞を取り上げた問題集。
19. お話の記憶	お話を聴いてその内容を記憶、理解し、設問に答える形式の問題集。
20. 見る記憶・聴く記憶	「見て憶える」「聴いて憶える」という『記憶』分野に特化した問題集。
21. お話作り	いくつかの絵を元にしてお話を作る練習をして、想像力を養うことができるように構成。
22. 想像画	描かれてある形や景色に好きな絵を描くことにより、想像力を養うことができるように構成。
23. 切る・貼る・塗る	小学校入試で出題頻度の高い、はさみやのりなどを用いた巧緻性の問題を繰り返し練習できるように構成。
24• 絵画	小学校入試で出題頻度の高い、お絵かきやぬり絵などクレヨンやクーピーペンを用いた巧緻性の問題を繰り返し練習できるように構成。
25. 生活巧緻性	小学校入試で出題頻度の高い日常生活の様々な場面における巧緻性の問題集。
26. 文字・数字	ひらがなの清音、濁音、拗音、拗長音、促音と１～20までの数字に焦点を絞り、練習できるように構成。
27. 理科	小学校入試で出題頻度が高くなりつつある理科の問題を集めた問題集。
28. 運動	出題頻度の高い運動問題を種目別に分けて構成。
29. 行動観察	項目ごとに問題提起をし、「このような時はどうか、あるいはどう対処するのか」の観点から問いかける形式の問題集。
30. 生活習慣	学校から家庭に提起された問題と思って、一問一問絵を見ながら話し合い、考える形式の問題集。

31. 推理思考	数、量、言語、常識（含理科、一般）など、諸々のジャンルから問題を構成し、近年の小学校入試問題傾向に沿って構成。
32. ブラックボックス	箱や筒の中を通ると、どのようなお約束でどのように変化するかを推理・思考する問題集。
33. シーソー	重さの違うものをシーソーに乗せた時どちらに傾くのか、またどうすればシーソーは釣り合うのかを思考する基礎的な問題集。
34. 季節	様々な行事や植物などを季節別に分類できるように知識をつける問題集。
35. 重ね図形	小学校入試で頻繁に出題されている「図形を重ね合わせてできる形」についての問題を集めました。
36. 同数発見	様々な物を数え「同じ数」を発見し、数の多少の判断や数の認識の基礎を学べるように構成した問題集。
37. 選んで数える	数の学習の基本となる、いろいろなものの数を正しく数える学習を行う問題集。
38. たし算・ひき算１	数字を使わず、たし算とひき算の基礎を身につけるための問題集。
39. たし算・ひき算２	数字を使わず、たし算とひき算の基礎を身につけるための問題集。
40. 数を分ける	数を等しく分ける問題です。等しく分けたときに余りが出るものもあります。
41. 数の構成	ある数がどのような数で構成されているか学んでいきます。
42. 一対多の対応	一対一の対応から、一対多の対応まで、かけ算の考え方の基礎学習を行います。
43. 数のやりとり	あげたり、もらったり、数の変化をしっかりと学びます。
44. 見えない数	指定された条件から数を導き出します。
45. 図形分割	図形の分割に関する問題集。パズルや合成の分野にも通じる様々な問題を集めました。
46. 回転図形	「回転図形」に関する問題集。やさしい問題から始め、いくつかの代表的なパターンから、段階を踏んで学習できるよう編集されています。
47. 座標の移動	「マス目の指示通りに移動する問題」と「指示された数だけ移動する問題」を収録。
48. 鏡図形	鏡で左右反転させた時の見え方を考えます。平面図形から立体図形、文字、絵まで。
49. しりとり	すべての学習の基礎となる「言葉」を学ぶこと、特に「語彙」を増やすことに重点をおき、さまざまなタイプの「しりとり」問題を集めました。
50. 観覧車	観覧車やメリーゴーラウンドなどを舞台にした「回転系列」の問題集。「推理思考」分野の問題ですが、要素として「図形」や「数量」も含みます。
51. 運筆①	鉛筆の持ち方を学び、点線なぞり、お手本を見ながらの模写で、線を引く練習をします。
52. 運筆②	運筆①からさらに発展し、「欠所補完」や「迷路」などを楽しみながら、より複雑な鉛筆運びを習得することを目指します。
53. 四方からの観察 積み木編	積み木を使用した「四方からの観察」に関する問題を練習できるように構成。
54. 図形の構成	見本の図形がどのような部分によって形づくられているかを考えます。
55. 理科②	理科的知識に関する問題を集中して練習する「常識」分野の問題集。
56. マナーとルール	道路や駅、公共の場でのマナー、安全や衛生に関する常識を学べるように構成。
57. 置き換え	さまざまな具体的・抽象的事象を記号で表す「置き換え」の問題を扱います。
58. 比較②	長さ・高さ・体積・数などを数学的な知識を使わず、論理的に推測する「比較」の問題を練習できるように構成。
59. 欠所補完	線と線のつながり、欠けた絵に当てはまるものなどを求める「欠所補完」に取り組める問題集です。
60. 言葉の音（おん）	しりとり、決まった順番の音をつなげるなど、「言葉の音」に関する問題に取り組める練習問題集です。

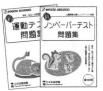

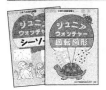

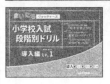

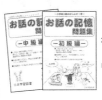

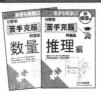

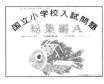

図書カード 1000 円分プレゼント

ご記入日　　年　月　日

☆国・私立小学校受験アンケート☆

※可能な範囲でご記入下さい。選択肢は○で囲んで下さい。

〈小学校名〉　　〈お子さまの性別〉男・女　〈誕生月〉　月

〈その他の受験校〉（複数回答可）

〈受験日〉①：　月　日〈時間〉　時　分　～　時　分

②：　月　日〈時間〉　時　分　～　時　分

〈受験者数〉男女計　名（男子　名　女子　名）

〈お子さまの服装〉

〈入試全体の流れ〉（記入例）準備体操→行動観察→ペーパーテスト

Eメールによる情報提供

日本学習図書では、Eメールでも入試情報を募集しております。

下記のアドレスに、アンケートの内容をご入力の上、メールをお送り下さい。

ojuken@nichigaku.jp

●行動観察　（例）好きなおもちゃで遊ぶ・グループで協力するゲームなど

〈実施日〉　月　日〈時間〉　時　分　～　時　分〈着替え〉□有 □無

〈出題方法〉□肉声 □録音 □その他（　　）〈お手本〉□有 □無

〈試験形態〉□個別 □集団（　人程度）　〈会場図〉

〈内容〉

□自由遊び

□グループ活動

□その他

●運動テスト（有・無）　（例）跳び箱・チームでの競争など

〈実施日〉　月　日〈時間〉　時　分　～　時　分〈着替え〉□有 □無

〈出題方法〉□肉声 □録音 □その他（　　）〈お手本〉□有 □無

〈試験形態〉□個別 □集団（　人程度）　〈会場図〉

〈内容〉

□サーキット運動

□走り □跳び箱 □平均台 □ゴム跳び

□マット運動 □ボール運動 □なわ跳び

□クマ歩き

□グループ活動

□その他

●知能テスト・口頭試問

〈実施日〉　＿＿月＿＿日〈時間〉＿＿時＿＿分　～＿＿時＿＿分〈お手本〉□有 □無

〈出題方法〉 □肉声 □録音 □その他（　　　　　　）〈問題数〉＿＿枚 ＿＿問

分野	方法	内容	詳細・イラスト
(例) お話の記憶	☑筆記 □口頭	動物たちが待ち合わせをする話	(あらすじ) 動物たちが待ち合わせをした。最初にウサギさんが来た。次にイヌくんが、その次にネコさんが来た。最後にタヌキくんが来た。 (問題・イラスト) ３番目に来た動物は誰か 
お話の記憶	□筆記 □口頭		(あらすじ) (問題・イラスト)
図形	□筆記 □口頭		
言語	□筆記 □口頭		
常識	□筆記 □口頭		
数量	□筆記 □口頭		
推理	□筆記 □口頭		
その他	□筆記 □口頭		

●制作　（例）ぬり絵・お絵かき・工作遊びなど

〈実施日〉＿＿月＿＿日 **〈時間〉**＿＿時＿＿分＿～＿＿時＿＿分

〈出題方法〉 □肉声 □録音 □その他（　　　　　　） **〈お手本〉** □有 □無

〈試験形態〉 □個別 □集団（　　　人程度）

材料・道具	制作内容
□ハサミ □のり（□つぼ □液体 □スティック） □セロハンテープ □鉛筆 □クレヨン（　色） □クーピーペン（　色） □サインペン（　色）□ □画用紙（□ A4 □ B4 □ A3 　□その他：　　　　　） □折り紙 □新聞紙 □粘土 □その他（　　　　　　）	□切る　□貼る　□塗る　□ちぎる　□結ぶ　□描く　□その他（　　　　　） タイトル：＿＿＿＿＿＿＿＿＿＿

●面接

〈実施日〉＿＿月＿＿日 **〈時間〉**＿＿時＿＿分＿～＿＿時＿＿分 **〈面接担当者〉**＿＿名

〈試験形態〉 □志願者のみ（　）名 □保護者のみ □親子同時 □親子別々

〈質問内容〉

□志望動機　□お子さまの様子

□家庭の教育方針

□志望校についての知識・理解

□その他（　　　　　　　　　　）

（詳　細）

・

・

・

・

※試験会場の様子をご記入下さい。

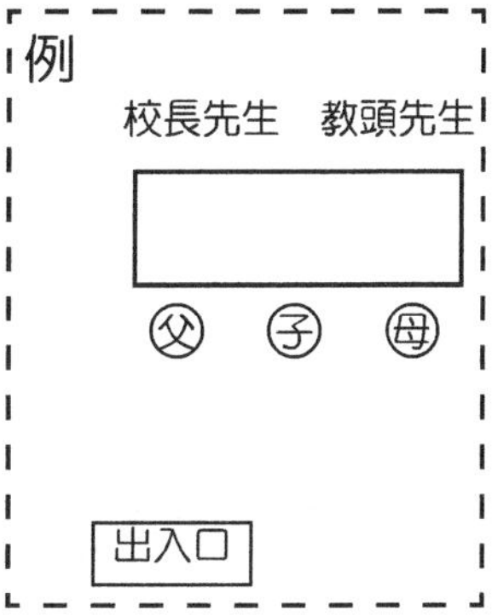

●保護者作文・アンケートの提出（有・無）

〈提出日〉 □面接直前　□出願時　□志願者考査中　□その他（　　　　　　　　）

〈下書き〉 □有　□無

〈アンケート内容〉

（記入例）当校を志望した理由はなんですか（150 字）

●説明会（□有　□無）〈開催日〉＿＿月＿＿日〈時間〉＿＿時＿＿分　～＿＿時＿＿分

〈上履き〉　□要　□不要　〈願書配布〉　□有　□無　〈校舎見学〉　□有　□無

〈ご感想〉

●参加された学校行事（複数回答可）

公開授業〈開催日〉＿＿月＿＿日〈時間〉＿＿時＿＿分　～＿＿時＿＿分

運動会など〈開催日〉＿＿月＿＿日〈時間〉＿＿時＿＿分　～＿＿時＿＿分

学習発表会・音楽会など〈開催日〉＿＿月＿＿日〈時間〉＿＿時＿＿分　～＿＿時＿＿分

〈ご感想〉

※是非参加したほうがよいと感じた行事について

●受験を終えてのご感想、今後受験される方へのアドバイス

※対策学習（重点的に学習しておいた方がよい分野）、当日準備しておいたほうがよい物など

＊＊＊＊＊＊＊＊＊＊＊＊　ご記入ありがとうございました　＊＊＊＊＊＊＊＊＊＊＊＊

必要事項をご記入の上、ポストにご投函ください。

なお、本アンケートの送付期限は入試終了後３ヶ月とさせていただきます。また、入試に関する情報の記入量が当社の基準に満たない場合、謝礼の送付ができないことがございます。あらかじめご了承ください。

ご住所：〒＿＿＿＿＿＿＿＿＿＿＿＿＿＿＿＿＿＿＿＿

お名前：＿＿＿＿＿＿＿＿＿＿　メール：＿＿＿＿＿＿＿＿＿＿

ＴＥＬ：＿＿＿＿＿＿＿＿＿＿　ＦＡＸ：＿＿＿＿＿＿＿＿＿＿

ご記入頂いた個人に関する情報は、当社にて厳重に管理致します。弊社の個人情報取り扱いに関する詳細は、www.nichigaku.jp/policy.php の「個人情報の取り扱い」をご覧下さい。

家庭学習をトータルサポート！ ニチガクの オリジナル 効果的 学習法

1 まずは アドバイスページを読む！

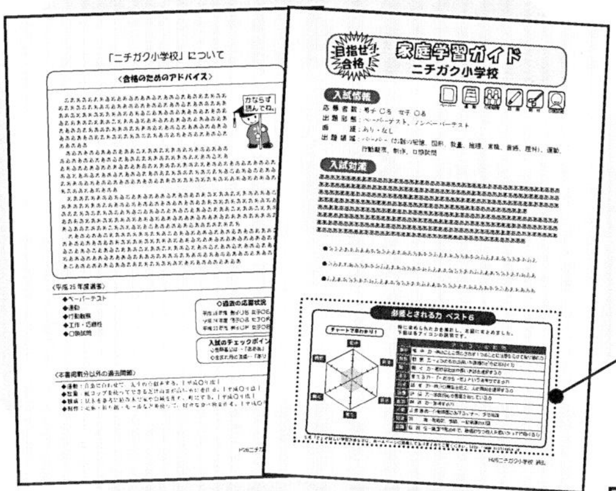

ピンク色です

対策や試験ポイントがぎっしりつまった「家庭学習ガイド」。分析内容やレーダーチャート、分野アイコンで、試験の傾向をおさえよう！

過去問のこだわり

各問題に求められる「力」

分野だけでなく、各問題の求められる「力」をアイコンで表記！アドバイスページの分析レーダーチャートで力のバランスも把握できる！

各問題のジャンル

問題3 分野：図形（パズル）　集中 観察

〈準 備〉 あらかじめ問題3－1の絵を線に沿って切り離しておく。

〈問 題〉 （切り離したパズルと問題3－2の絵を渡す）ここに9枚のパズルがあります。この中からパズルを6枚選んで絵を作ってください。絵ができたら、使わなかったパズルを教えてください。

出題年度

〈時 間〉 1分

〈解 答〉 省略

［2018年度出題］

学習のポイント

用意されたパズルを使って絵を作り、その際に使用しなかったパズルを答える問題です。パズルのつながりを見つける図形認識の力と、指示を聞き逃さない注意力が要求されています。パズルを作る際には、全体を見渡してある程度の完成予想図を思い浮かべることと、特定の部品に注目して、ほかとのつながりを見つけることを意識して練習をすると良いでしょう。図形を認識し、完成図を予想する力は、いきなり頭に浮かぶものではなく、何度も同種の問題を解くことでイメージできるようになるものです。日常の練習の際にも、パズルが上手くできた時に、「どのように考えたの」と聞いてみて、考え方を言葉で確認する習慣をつけていくようにしてください。

【おすすめ問題集】
Jr・ウォッチャー3「パズル」、59「欠所補完」

2 問題を全て読み、出題傾向を把握する

3 「学習のポイント」で学校側の観点や問題の解説を熟読

4 初めて過去問題にチャレンジ！

5 プラスα 対策問題集や類題で力を付ける

学習のポイント

各問題の解説や学校の観点、指導のポイントなどを教えます。
今日から保護者の方が家庭学習の先生に！

おすすめ対策問題集

分野ごとに対策問題集をご紹介。苦手分野の克服に最適です！

＊専門注文書付き。

2021年度版　大阪教育大学附属
池田小学校　過去問題集

発行日　2020年7月6日
発行所　〒162-0821　東京都新宿区津久戸町 3-11-9F
日本学習図書株式会社
電　話　03-5261-8951 ㈹

合格実績

ヘッズの合格者数は正会員だけの数字です。

2024.3.25現在　**塾歴33年の実績**

	学校名	ヘッズ合格者（募集人数）	学校名	ヘッズ合格者（募集人数）	学校名	ヘッズ合格者（募集人数）
令和6年度	大阪教育大学附属池田(小)	43（100）募集人数	関西学院初等部	56（90）	雲雀丘学園(小)	60（135）
	関西大学初等部	4（60）	仁川学院(小)	8（60）	小林聖心女子学院（小）	20（60）
	アサンプション国際(小)	4（80）	箕面自由学園(小)	4（50）	同志社･追手門･神戸海星	各1名

クラス案内

ヘッズアップセミナー　検索

https://www.heads-up.co.jp

※時間割は、ホームページをご覧下さい。

池田校　新年度 2月から開室します。 税込価格

年長受験クラス　**（週1回 120分授業）**

面接･ペーパー･音楽･絵制作･運動･行動観察など入試に必要な全ての分野を徹底的に指導し、確実に志望校へ導きます。附属池田（小）入試傾向を中心としますが、私学にも対応するクラスです。（10･11･12･1月の間は附属池田特訓クラス）

曜日/水・金・土　**授業料**：24,200円

年中受験クラス　**（週1回 90分授業）**

受験の基礎から指導します。面接･ペーパー･音楽･絵制作･社会性･運動など総合的に実力を向上させていきます。

曜日/水（4月から）・金・土　**授業料**：18,700円

年少受験クラス　**（週1回 60分授業）**　**最年少受験クラス**　**（週1回 50分授業）**

4月から翌年1月まで。面接･ペーパー･音楽･絵制作･運動などの受験の基礎から総合的に指導します。

年少:曜日/金・土　**最年少:曜日**/金・土　**授業料**：15,400円

雲雀丘強化専願クラス　**（週1回 90分授業）**　**雲雀丘個別試問クラス**

雲雀丘学園を専願する方や併願でも強化したい方のためのクラス。

曜日/月・木　**授業料**：16,000円　**曜日**/土　**授業料**：12,000円

関学･関大･池附強化クラス　**（週1回 90分授業）**

関学･関大･池附を目指す方に、3校の入試問題を徹底分析したクラス。

曜日/木・土　**授業料**：39,600円（受験クラスと合わせ）

パズル道場 算数 数学　そろばん速算教室

Speed Reading 速読 速く正確に読み解く力を鍛える。

★英語で知育・体操　★小学生英語塾

Koala Gym

電話：070-4335-6636

※授業料に教材費、消費税など、すべてを含みます。入会金：20,000円
（他）小学生1～3年･特進、ベーシッククラス、個別指導クラス（年少～小6）、内部進学クラス（小4～6年）

宝塚校　9月から開室します。 税込価格

関学クラス　**（週1回 100分授業）**

関西学院初等部への専願を希望される方のクラスです。面接･ペーパー･運動･社会性など入試に必要な全ての分野を徹底的に指導します。

曜日/木・金・土　**授業料**：27,500円

年長受験クラス　**（週1回 100分授業）**

面接･ペーパー･音楽･運動･社会性など入試に必要なすべての分野を徹底的に指導し、確実に志望校へ導きます。附属池田（小）･小林聖心･仁川学院･雲雀丘に対応するクラスです。（10･11･12･1月の間は附属池田特訓クラス）

曜日/火・土　**授業料**：24,200円

年中受験クラス　**（週1回 80分授業）**

受験の基礎から指導します。面接･ペーパー･音楽･絵制作･社会性･運動など総合的に実力を向上させていきます。

曜日/水・土　**授業料**：18,700円

年少受験クラス　**（週1回 60分授業）**

4月から8月まで。面接･ペーパー･音楽･絵制作･運動などの受験の基礎を総合的に指導します。

曜日/水　**授業料**：15,400円

関学ペーパー強化クラス　**（週1回 60分授業）**

関学クラスを受講している方のペーパー強化クラスです。関学クラスのペーパー問題以外の基礎､基本問題を徹底的に指導し補います。

曜日/火　**授業料**：14,300円

※授業料に教材費、消費税など、すべてを含みます。入会金：20,000円
（小学生クラス）
小学生1～6年ベーシッククラス（関学クラス）

短期講習

春期講習：3月末。夏期講習：7月末、8月末。雲雀丘･小林聖心･関学･関大直前講習：8月末。
附属池田特訓クラス：9月～1月。附属池田直前講習：12月末～1月初旬。

公開模試

実施日はホームページをご覧下さい。（3、4、6、7、10、11月実施）

ヘッズ主催の学校説明会･保護者会･特訓行事

無料

学校説明会

関学、関大、雲雀丘、小林聖心、洛南、アサンプション国際などの小学校の先生をお招きして学校説明会を開催します。

保護者会

小学校受験に向けての準備、傾向対策会などを開催します。

面接特訓

各学校の傾向に合わせた面接練習。無料の親子面接練習を行います。

行動観察特訓

小学校入試では、個々の行動観察を観察されます。無料の行動観察特訓を行います。

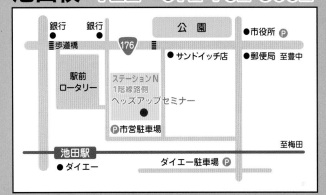

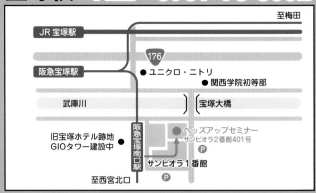

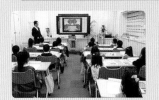

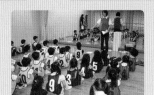

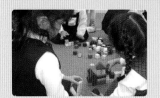

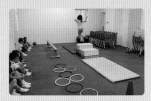